Michael Wolffsohn

Nie wieder?
Schon wieder!

Michael Wolffsohn

Nie wieder?
Schon wieder!

Alter und neuer
Antisemitismus

HERDER

FREIBURG · BASEL · WIEN

Dieses Buch ist allen gewidmet,
die Herz und Verstand
miteinander verbinden.

© Verlag Herder GmbH, Freiburg im Breisgau 2024

Alle Rechte vorbehalten

www.herder.de

Umschlaggestaltung: Zero Media GmbH, München

Satz: wunderlichundweigand, Schwäbisch Hall

Herstellung: GGP Media GmbH, Pößneck

Printed in Germany

ISBN (Print): 978-3-451-07239-0

ISBN (EPUB): 978-3-451-83339-7

Inhalt

Schon wieder! Antisemitismus als Eintrittskarte in die europäische Gesellschaft

Geboren wurde ich im Mai 1947 als (Britisch-)Palästinenser in Tel Aviv. Ein Jahr später war ich Israeli. Als „Volksdeutsche" gemäß Artikel 116 (2) Grundgesetz wurden meine Eltern 1954 wieder und ich erstmals Deutsche. Meine Eltern und Großeltern waren im März 1939 aus Hitlerdeutschland ins britische Mandatsgebiet Palästina geflohen. Anders als sechs Millionen anderer Juden konnten sie auf diese Weise ihr Leben retten. Meine väterlichen Großeltern kehrten bereits 1949 zurück. Sie wollten das ihnen von Hitler und seinen Verbrecherkollegen geraubte Eigentum nicht den Räubern überlassen, sondern gerichtlich zurückerkämpfen. Das war innerjüdisch und innerisraelisch mutig, denn: Wenn Juden damals ins „Land der Mörder" zogen, wurden sie als Verräter geradezu verachtet. Kaum besser stand es fünf Jahre später, als mein Vater mit meiner Mutter und mir seinen Eltern nach West-Berlin folgte.

Würden meine Eltern und Großeltern, wie einst in Braun-Deutschland, den Pöbel „Juden raus!" und „Juda verrecke!" brüllen hören? Meinen Großeltern blieb das erspart. Damals traute man sich noch nicht wieder in Deutschland. Karrieregefährdend war es – wenn öffentlich bekannt und bekennend –, wenngleich die Netzwerke der „Alten Kämpfer" verdeckt intakt geblieben waren.

„Opa Karl" starb 1957 und „Sabta Recha" 1972, mein Vater im Jahr 2000. Doch meine Mutter, die 2023 im gesegneten Alter von 100 Jahren starb, hörte diese Variante: „Tod den Juden" und „Tod Israel!" Schon im Juli 2014 und nicht nur auf dem Berliner Kurfürstendamm. Ich höre es seitdem in Berlin-Neukölln, Deutschland und der Welt immer wieder und besonders nach der Mord- und Blutorgie der palästinensischen Hamas aus dem Gazastreifen am 7. Oktober 2023 in Israel und seit dem anschließenden Krieg, den Israel gegen die Terroristen führte.

Wer hätte das gedacht? Schon wieder in Deutschland. Auch in Deutschland. Sogar in Deutschland. Sogar das zentrale Holocaustmahnmal in Berlin musste von der Polizei und mit Gittern vor denen geschützt werden, die Gewalt nicht nur am Denkmal für die ermordeten Juden üben wollten, sondern, so war zu befürchten, gegen lebende Juden. Wer hätte das gedacht? Schon wieder in Deutschland. Genau dort, wo einst Hitlers megaprotzige Reichskanzlei stand.

Schon wieder? Das ist richtig und falsch. Falsch vor allem deshalb, weil der den Juden- und Israeltod brüllend fordernde Pöbel nicht – wieder wie zu „Führers Zeiten" – aus deutschen Rechtsextremisten, sondern mehrheitlich – fast einheitlich – aus muslimischen Neudeutschen, also Neubürgern oder -einwohnern besteht. Entweder kamen sie selbst oder ihre Vorfahren als Migranten nach Deutschland. Legitimatoren der muslimischen „Tod Israel"-Denker und -Brüller sind alt-einheimisch deutsche Linksextremisten. Nicht brüllend, aber „mit dem Herzen" und Argumenten dabei sind nicht selten auch Linksliberale. In einem Punkt sind sich die deutschen Linksextremisten mit ihren bürgerlich-linksliberalen sowie vielen anderen Landsleuten einig: Anders als ihre Vorfahren schreien sie nie wieder „Juden raus!". Sie lassen rufen.

Damals waren die Juden dann bekanntlich wirklich raus – und meistens tot, sprich: ermordet. Durch die „Willkommenskultur" wähnten sich ebenfalls brave Bürger und linker Bürgerschreck gleichermaßen besonders während des deutschen Supermigrationsjahres 2015/16 im siebenten geschichtsethischen Himmel. 1 (Megaverbrechen teils hingenommen, teils mitgemacht) minus 1 (an Fremden begangene gute Megatat) ist gleich 0 (also moralische Erlösung). Nach der Schuld also die Sühne; und die Sühne zugleich als naiv erhofftes demografisches Plus angesichts der dramatischen Vergreisung der deutschen Bevölkerung und als die von Linken ersehnte „Entgermanisierung" der Deutschen sowie – ebenfalls ohne Realitätsbezug seitens der brav Bürgerlichen – als ökonomischer Gewinn durch Zuwanderung von Fachkräften. Und nicht zu vergessen der Herzenswunsch der Linken und Linksliberalen: „kulturelle Bereicherung". Letzteres ist nach der Vertreibung und Ermordung der deutschjüdischen Kulturavantgarde von 1933 bis 1945 kaum bestreitbar nötig. Ob Massen junger, testosterongesteuerter Jungmänner aus dem In- oder Ausland die selbstverschuldete Lücke schließen können, entscheide jeder für sich.

„Schon wieder" ist auch deshalb falsch, weil, ebenfalls anders als „zu Führers Zeiten", der deutsche Staat die Juden diesmal schützen will. Dennoch „schon wieder", weil unbestreitbar in Deutschland wieder den Juden als Kollektiv der Tod gewünscht wird. Wer hätte das gedacht? Meine Großeltern und mein Vater drehen sich gewiss im Grabe um (wenn an diesem Wortbild „etwas dran" sein sollte). Sie waren aus Deutschland geflohen und kehrten trotz allem zurück nach Deutschland, weil sie an das „nie wieder" glaubten, das meine Großeltern zwar nicht als neudeutsche Floskelformel, aber als politische Praxis dachten wahrnehmen zu können. Schon wieder: Wahrnehmung und Wirklichkeit sind selten deckungsgleich.

Auch ich glaubte daran und bezeichnete mich aufgrund dieser jahrzehntelangen Fehlwahrnehmung als einen „deutschjüdischen Patrioten kosmopolitischer Prägung". Irren ist menschlich – aber in diesem Falle lebensgefährlich. Individuell und kollektiv.

Zum Letztgenannten ein Erlebnis aus dem November 2023. Ich hielt vor rund 400 angenehm ruhigen (!) und ernsthaften bayerischen Studenten einen Vortrag. Danach kommt ein sympathischer junger Mann auf mich zu: „Ich bin Jude. Sie haben mehr Lebenserfahrung als ich. Wie soll ich mich als Jude verhalten? Bin ich gefährdet? In dieser an sich politisch eher ruhigen Stadt, an dieser Uni?" Wir schrieben 2023 und nicht 1933 oder 1938 oder … Die ängstliche Frage des jungen Mannes ist berechtigt, denn: Schon wieder ist Antisemitismus die Eintrittskarte in die europäische Gesellschaft. Natürlich auch in die deutsche. Machen wir uns nichts vor: Antisemitismus gehört in weiten Kreisen, freilich nicht in allen, zum guten Ton. Schon wieder.

Der auch religiös durch und durch liberale jüdische Deutsche Heinrich Heine versuchte, im ersten Viertel des 19. Jahrhunderts dem Antisemitismus zu entgehen und seinen Berufsweg erfolgreich zu gestalten, indem er sich taufen ließ. Protestantisch. Das fiel ihm nicht schwer. Er war religiös indifferent, ohne seine jüdische Herkunft zu verleugnen. Kulturell bedeutete sie ihm sogar sehr viel. Sein Werk spiegelt diese Bedeutung wider. Als „Entréebillett in die europäische Gesellschaft" bezeichnete Heinrich Heine den Taufzettel. Teile der europäischen Gesellschaft ließen ihn eintreten, größere Teile weder ihn noch gar „die" Juden.

Die Taufe ermöglichte weder im 19. Jahrhundert noch später oder gar im „Dritten Reich" den Eintritt in die vermeintlich feine, kultivierte oder auch nur die Gesellschaft. Die Taufe bot den Juden auch keinen Schutz. Weder vor diskriminatorischen noch liquidatorischen Antisemitismen. Im Spanien der Inquisition so wenig wie in Hitlers Deutschland. Hier wie dort zählte die „limpieza di sangre", die „Reinheit des Blutes". Rasse, nicht Religion.

Antisemitismus, genauer: Antisemitismen, gibt es seit 3000 Jahren. In meinem Buch „Eine andere Jüdische Weltgeschichte" habe ich diese These ausführlich belegt. Daraus folgt: Unsere nun wieder auch zunehmend – freilich nicht ausschließlich – sichtbar antisemitische Gegenwart knüpft an die Vergangenheit an. Sie ist ein reaktionärer Rückfall, auch wenn einige seiner Träger sich als Vorreiter des Fortschritts verstehen und präsentieren. (Eine entscheidende Differenzierung gelte für die Gesamtheit dieses Buches: Trotz aller Verallgemeinerungen ist nie von allen die Rede, sondern von sehr vielen, zu vielen und einer leider wachsenden Zahl. Und wenn nicht Zahl, so doch einer anschwellenden antijüdischen Militanz in Wort und Tat.)

„Den" Antisemitismus gibt es nicht. Er hat viele Erscheinungsformen.

Den einen ist die Beschneidung ein Dorn im Auge – auch wenn sie als Nichtjuden, männlich oder weiblich, überhaupt nicht davon betroffen sind. Mit geradezu manischem Interesse sorgen sich dabei Beschneidungsgegner um das Geschlechtsorgan fremder (jüdischer) Männer, verkaufen ihre Besessenheit als Empathie und fürchten um die Libido der Beschnittenen. Diese Fürsorglichkeit ist unbegründet, denn die jüdische Fortpflanzungsstatistik widerlegt jene (schein)freundschaftlichen Ängste der nichtjüdischen „Mitbürgerinnen und Mitbürger" bzw. MitbürgerInnen, Mitbürger*innen.

Den anderen ist das Schächten ein Dorn im nichtjüdischen Auge, obwohl die üblichen Schlachthäuser wohl auch nicht dem ethischen Standard des Tierschutzes entsprechen dürften.

Beschneidung und Schächten praktizieren Muslime ebenfalls. Obwohl „etwas" mehr Muslime als Juden in Deutschland und Europa leben, kreiste die öffentliche Diskussion eher um die Juden. Die Für und Wider zu diesen beiden Fragen wurden ein Judenthema.

Den einen haben Juden „zu viel Einfluss" in der (Finanz-)Wirtschaft und in den Medien oder, beider Faktoren wegen, in der Politik. Wieder andere verweisen auf der Juden „Schuld" an Epidemien, zuletzt Corona.

Die nationalistischen Rechtsextremisten stoßen sich am Universalismus, an der Weltoffenheit von Juden, am „jüdischen Kosmopolitismus".

Kommunisten und Linksextremisten, die sich als Internationalisten verstehen (oder nur als solche darstellen?), halten „die" Juden seither für Partikularisten und die Zionisten für die allerschlimmsten Partikularisten. Die Juden seien zudem – Grüße der Rechtsextremisten an die Linken – Kapitalisten, Herrscher der (Finanz-)Welt, als solche Imperialisten und Förderer des Kolonialismus des weißen Mannes, also Unterdrücker der entrechteten Dritten Welt, des globalen Südens. Speerspitze dieser – natürlich – kapitalistisch-weißen Kolonialisten seien die Zionisten, sei der Jüdische Staat. Was Israel den Palästinensern antue, sei schlimmer als der Holocaust, der letztlich nur eine innerweiße Angelegenheit gewesen sei. Ergo müsse man Israel an der Seite der Unterdrückten und Entrechteten (allen voran der Palästinenser) dieser Welt bekämpfen.

Besonders Deutschland müsse sich vom „Judenknax" befreien, so schon Dieter Kunzelmann, der früh-linksextremistische Terrorist der „Tupamaros Westberlin". Seine wort- und (noch?) nicht waffengewaltigen Epigonen der Postkolonialisten sprechen vom Holocaust als „Katechismus" der Deutschen oder deren „Judenfimmel". Viel Altes im Neuen.

Heute nennen sich die Verfechter dieser abstrusen Weltsicht „Postkolonialisten", im Grunde genommen ist die These so alt wie die Feindschaft zu Zionismus und Israel. Die erste globale Hochkonjunktur hatte diese Weltsicht angestoßen von den Achtundsechzigern Westeuropas. Sie gipfelte im Beschluss der UNO-Vollversammlung im Herbst 1975, die dogmatisch bestimmte: Zionismus sei Rassismus.

Zur Welt der Entrechteten und Unterdrückten zählen zwar nicht „die" Araber und erst recht nicht die steinreichen Ölförderstaaten Arabiens, doch mit Sicherheit „die" Palästinenser sowie weite Teile der islamischen Welt. Womit wir bei der dritten Hauptquelle der Antisemitismen sind: dem traditionellen und modernen Islam. Anders als Legenden westlicher „Wissenschaft", Kultur, Medien und Politik behaupten, findet man im traditionellen Islam, im Koran sowie in der mündlichen Überlieferung und der Prophetenbiografie, zahlreiche antijüdische Passagen. Sie sind teilweise sehr heftig. So werden in Sure 5, Vers 60 des Koran Juden als Affen und Schweine bezeichnet. Diese Polemik ist so unschön wie historisch verständlich, denn: Als neue, von Judentum und (!) Christentum verschiedene bzw. diese beiden „vollendende" Religion musste sich der Islam von beiden distanzieren – das hat er getan. Polemisch, versteht sich. Wie das frühe Christentum vom Judentum. Polemisch, versteht sich.

Erst seit dem 19. Jahrhundert hat der Islam nach Jahrhunderten der gedanklichen und konkret politischökonomisch-kulturellen Vernachlässigung Palästinas vor allem Jerusalem sozusagen wiederentdeckt. Als Reaktion auf den in der ersten Hälfte des 19. Jahrhunderts einsetzenden, romantisch-religiösen Pilger- und Reisestrom aus dem christlichen Europa. Den Betenden und pilgernden Christen folgten christliche Machtmenschen, allen voran Britannien, das 1917, im Ersten Weltkrieg, das islamische Osmanische Reich aus Palästina vertrieb. Die seit 1882 nach Zion tröpfelnden zionistisch motivierten Juden, meist sehr sozialistisch, waren den traditionalistisch geprägten einheimischen Arabern, die zwischen Palästina, Syrien und panarabistischer Weltsicht schwankten, höchst suspekt. Die Frühzionisten wollten die einheimischen Araber mit ihrer Modernität beglücken, doch dieses tatsächliche oder vermeintliche Glück war diesen suspekt. Sie wehrten sich. Mit Worten und Waffen. Der Konflikt begann bereits unmittelbar nach 1882, anders als die – auch von „Wissenschaftlern" verbreitete – Legende vom frühen friedlichen Zusammenleben beider Gruppen besagt. So wurde der traditionelle Antijudaismus im Islam um den modernen, islamisch-arabischen erweitert.

Wer heute will, findet im traditionellen Islam – ebenso wie in christlichen Schriften – wuchtige Antijudaismen. Das Gegenargument: Man könnte in islamischen ebenso wie in christlichen Schriften Brücken zum Judentum finden – wenn man wollte. Dass die Juden Medinas dem

Propheten zunächst bei der Machtergreifung halfen oder dass Jesus als Jude geboren wurde, als Jude starb und am jüdischen Gesetz „kein Komma ändern" wollte.

Antisemiten und Anti-Antisemiten aller Länder und Religionen sind vereint. Sie wählen ihren jeweiligen Antisemitismus à la carte.

Am 7. Oktober 2023 veranstalten Hamas-Terroristen in Israel eine Mord- und Blutorgie. Das Entsetzen war zu Recht groß. Doch als Israel sich wehrte, geriet die Ursache fast in Vergessenheit. Mehr die Reaktion Israels als die Terroraktion der Hamas wurde weltweit auf Massendemonstrationen verdammt. Wer sonst bei der Schadenabwicklung auf dem Verursacherprinzip beharrt, vergisst, wenn es um den Jüdischen Staat geht, leicht die eigenen Prinzipien.

Jene Verdammung geriet, auch von sogenannten Autoritäten und nicht nur von Dummköpfen oder Agitatoren, zur eindeutigen Verdummung der Massen. So verstieg sich der aus Portugal stammende UN-Generalsekretär António Guterres (Jahrgang 1949) zu der Behauptung, jene Terroraktion – die er artig verurteilte – sei „nicht im luftleeren Raum" entstanden. Etwas mehr Zurückhaltung wäre für den Repräsentanten dieses Landes nicht unangebracht gewesen, denn von 1497 bis zum Ende des autoritär-klerikalen Faschismus und Kolonialismus 1974/75 war Portugal „judenfrei".

Die schwammige UNO-Begrifflichkeit, bezogen auf Nahost und Israel, sollte unausgesprochen auf Israels (wahrlich nicht weisen und oft unerträglich aggressiven) Siedlungs- und Besatzungsaktivismus hindeuten. Vox populi, Volkes Stimme, verstand, was gemeint war, und plapperte von israelischen Siedlern und Soldaten im Gazastreifen. Fakt ist: Seit Sommer 2005 gibt es im Gazastreifen keinen einzigen israelischen Siedler oder Soldaten mehr. Tatsächlich entsprach jener Rückzug Israels im Jahre 2005 dem Plan „Gaza zuerst". Sozusagen als Generalprobe für einen etwaigen Palästinenserstaat. „Zuerst" sollte im Gazastreifen so etwas wie ein „Hongkong oder Singapur in Nahost" entstehen. Stattdessen rüstete die Hamas auf und vertrieb 2007 in einem kurzen sowie heftigen palästinensischen Bürgerkrieg die rivalisierende Fatah. Danach und seitdem prasselten (und prasseln) mit finanzieller, politischer und technischer Hilfe des Iran Hamas-Raketen auf das israelische Kernland. Hier und da unternahm Israel Strafaktionen. Zum Beispiel 2008/09, 2014 und 2019. Nie jedoch so massiv wie als Reaktion auf den Schwarzen Sabbat, den 7. Oktober 2023. Auf diesen Tag fiel das religiös-jüdische „Fest der Tora-Freude". Aus der erwarteten Freude wurde, ganz wörtlich, schlagartig Verzweiflung. Ihr Bezug war sofort der Holocaust. Seit dem sechsmillionenfachen Judenmord waren nicht mehr so viele Juden ermordet worden. Für Gläubige war diese neuerliche

Katastrophe ein weiteres Glied in der dreitausendjährigen Leid- und Schreckenskette der Juden. Und wieder einmal stellte sich für sie die Frage nach der Gerechtigkeit, Anwesenheit oder Abwesenheit Gottes. Die Menschheitsfrage der Theodizee. „Wo warst Du, Gott? Warum lässt Du das zu, wieder zu? Gibt es Dich etwa doch nicht?

Ungläubige nehmen diese Seelenpein eher ironisch wahr. Zynisch. Sie stellen fest, und das ist nicht einmal falsch: Fromme Juden fragen nach und hadern mit Gott, die islamischen Fundamentalisten der Hamas danken Gott, dass er ihnen Rache an den Juden ermöglichte. Die Juden nennen – ein und denselben – Gott „el" oder „elohim", die Muslime nennen ihn (klanglich und auch deshalb inhaltlich leicht erkennbar gleich gedacht) „allah". Wie kann ein und derselbe Gott, der DEN Menschen schuf und eben nicht nur Juden oder Muslime, zulassen, dass die einen die anderen ermorden? Ist es daher derselbe, eine Gott, wenn es ihn gibt? Oder sind es verschiedene Götter? Was ist dann noch monotheistisch am Judentum oder Islam? Oder gibt es weder den Gott noch die Götter?

Begriffe, Auslöser, Ereignisse und Reaktionen des Schon-wieder-Antisemitismus wurden geschildert. Meine eingangs an Heinrich Heine orientierte, variierte und aktualisierte These gilt es zu erläutern. Sie lautet:

Wie eh und je ist der Antisemitismus die oder zumindest eine Eintrittskarte in die europäische Gesellschaft. Wer oder was ist die europäische Gesellschaft? Wie jede Gesellschaft besteht die Gesamtheit der europäischen Gesellschaft aus vielen Teilgesamtheiten. Zugleich gibt es, wie gesagt, nicht „den" (einen) Antisemitismus. Für welche Teile der europäischen Gesellschaft gilt Antisemitismus als Eintrittskarte? Eintritt also *wohin*?

Wer die bereits skizzierten Antijudaismen bzw. Antisemitismen hegt und pflegt, ist diesen Gruppen willkommen. Die Linken und ihre sanftere Variante, die Linksliberalen, finden wir zuerst und vor allem in der Welt der Kultur, Wissenschaft und Medien. Nennen wir sie „Kulturschickeria". Antonio Gramsci sprach anspruchsvoller – oder war die Kulturschickeria zu seiner Zeit anspruchsvoller? – von der „kulturellen Hegemonie". Die Kulturmächtigen unserer Zeit sind – eigentlich hochsympathisch – auch integrationspolitisch hochaktiv und hochmotiviert, dabei aber nicht selten blind und lieb naiv, denn: Sie sehen in jedem Migranten einen guten, unterdrückten und in seiner Heimat entrechteten Menschen. Dessen Notlage gehe historisch auf diese Ursünde zurück: den westlichen Kolonialismus des weißen Mannes. Dessen heutige Speerspitze seien, wir erinnern uns, Zionismus und Israel sowie die Israel unterstützenden Juden der Welt, also eigentlich „die" Juden. Vereinfacht, doch alles andere als falsch zusammengefasst.

Nicht nur Nichtjuden reißen sich heute durch diese oder jene Form des Antisemitismus um eine Eintrittskarte in die Welt der Kultur-Hegemonen. Manche Juden, die ohne Antisemitismus als Antiisraelismus bzw. Antizionismus oder (nicht selten durchaus berechtigte) Anklagen gegen die jüdische Orthodoxie sich in diese Welt keinen Eintritt verschaffen können, lösen ebenfalls jenes, wie Heine es nannte, „Entréebillett". Ich denke dabei besonders an Susan Neiman oder Meron Mendel. Ganz besonders aktiv betätigen sich dabei Als-ob-Juden, also Personen, die keine Juden sind und so tun, als ob, weil das ihren „Marktwert" durch Exotik steigert. Solange Jüdisches auf dem Markt positiv exotisch platzierbar ist. Die Schriftsteller Eva Menasse und Mac Czollek gehören in diese Kategorie.

Daraus folgt bezüglich des Wohin der Eintrittskarte in die europäische Gesellschaft: Wer zu den Kulturhegemonen gehören möchte, braucht den entsprechenden und dort geforderten Antisemitismus als Eintrittskarte, wobei der Antizionismus bzw. Antiisraelismus als Variante des Antisemitismus vorherrscht.

Das Fazit: Statt „Nie wieder!" erleben wir ein „Schon wieder!". Aber anders als „damals": Damals kam DAS von ganz rechts. Heute gibt es auch dieses Ganz-Rechts. Inzwischen hat es zwei weitere, alles andere als ungefährliche Geschwister: Linksextremisten, nützliche Idioten aus dem Bürgertum, besonders dem linksliberalen, sowie vor allem muslimische Antisemiten des Wortes und der Tat.

Während es besonders amtlich, meist präsidial-pfäffisch vorgetragen, und im Chor der scheinbar Auf- und Abgeklärten – gerne auf Spruchbändern – „Nie wieder!" heißt. Diese Parole verdeckt die Wirklichkeit des „Schon wieder". Um die sie wirklich und ehrlich abstoßende Wirklichkeit wegzureden, verkünden politisch verantwortungsbewusste Verantwortungsträger dann inbrünstig: „Antisemitismus hat in Deutschland keinen Platz!" Doch Wunsch und Wille sind leider nicht Wirklichkeit.

Diese Wirklichkeit ist selbst verschuldet. Ungewollt, ja, vollkommen ungewollt, doch unbestreitbar. Schon wieder: leider.

Die Ursache ist leicht erkannt und schnell benannt: geschichtspolitisches und -pädagogisches Versagen. Gouvernemental ebenso wie nicht gouvernemental. Auch medial, doch nicht nur medial. Wenig ruhmreich die Rolle der Wissenschaft.

Worin besteht das geschichtspolitische und -pädagogische Versagen? Die Antwort lässt sich in einer Wortformel zusammenfassen: 1 statt 3. Üblicherweise wurde, die dreifache Wirklichkeit verkennend, der Rechtsextremismus als „die" quasi einzige antisemitische Gefahr erkannt und benannt. Willentlich und wissentlich wurden die beiden anderen antisemitischen Hauptgefahren,

Islamismus und Linksextremismus, verschwiegen oder verniedlicht und, wenn benannt, dann mit ideologischem Zuckerwasser, ergänzt um Mengen von Moralin, übergossen. Nichts sehen, nichts hören, nichts sagen.

Wer wollte und sollte, konnte sehen, hören, sagen. Die mehrfach in zahlreichen europäischen Staaten durchgeführten Umfragen der European Union Agency for Fundamental Rights unter Juden, die entweder verbale oder physische antisemitische Gewalt erlebt hatten, ergaben: Die Täter waren mit weitem Vorsprung Muslime, gefolgt von Linksextremisten und, knapp dahinter, Rechtsextremisten.

Ja, auch die „alten und neuen Nazis" sind schon wieder nicht nur gegen Juden aktiv. Aber es ist auch die Linke, was historisch keineswegs neu ist. Ebenfalls nicht neu ist der islamische Antijudaismus bzw. Antisemitismus.

Erstaunlich: Nach dem Schwarzen Sabbat vom 7. Oktober 2023 wurden, außerhalb Deutschlands weit mehr als hierzulande, Hunderttausende mobilisiert, die sich mit, jawohl, tausendfachen Terroristen solidarisierten. Ein geografisch-soziologischer Blick auf die Mehrheit jener Demonstranten, die „Tod Israel" schrien, zeigt: Die meisten sind Muslime. In Großbritannien vor allem pakistanischer oder indischer, in Frankreich nordafrikanischer Herkunft. Diese Gruppen sind viel zahlreicher als die Juden Europas und ihre Freunde. Deshalb ist es vermessen, dass und wenn Israel- und Judenfreunde „Massendemonstrationen" veranstalten. Man spielt nicht Masse, wenn man weder Masse ist noch Masse hat. Den Massenwettbewerb innerhalb und außerhalb Europas verlieren „die" Juden – und ihre Freunde.

Außerdem gilt für Demonstrationen in Europa nachweislich diese Grundregel: Für Demonstrationen gegen Amerika kann man Hunderttausende mobilisieren. Für die von Putins Russlands seit dem 24. Februar 2022 angegriffene Ukraine gerade mal so ein paar Zehntausende und für Israel, wenn es hochkommt und bestenfalls einmal, Tausende.

Die Gretchenfrage lautet: Haben Juden in Deutschland eine Zukunft? Meine Antwort: Aufgrund der Demografie und der damit verbundenen antijüdischen Ideologie(n) langfristig so wenig wie in den anderen Staaten der Diaspora. Über kurz oder lang wird es, nach dem fiktiven Exodus der Bibel, einen zweiten Exodus nach Zion, also Israel, geben. Fraglich ist jedoch, ob es langfristig noch Israel geben wird, denn außer Freunden des Wortes hat es heute nur einen der echten Tat-Freund: die USA. Doch dort entfernen sich ihre bisherigen Freunde aus der Wählerschaft und den Verantwortlichen der Demokraten-Partei sowie der Academia, auch die US-Juden, immer mehr von Israel. Von Israel mit und ohne den vermeintlichen oder tatsächlichen Buhmann Netanjahu. Nichts Neues unter der

Sonne: Jüdisches Leben ist, wie seit 3000 Jahren, „Existenz auf Widerruf". „Rechtfertigungen" für den Widerruf „kommen und gehen", aber der Widerruf bleibt.

Von der von mir sehr verehrten Präsidentin des Berliner Abgeordnetenhauses, Cornelia Seibeld, war ich gebeten worden, „85 Jahre danach", nach der Reichskristallnacht vom 9. November 1938, die Gedenkrede zu halten. Gerne nahm ich diese Herausforderung an, weil ich die Rituale, Platten und Plattitüden – meist pfäffisch vorgetragen – der meisten deutschen Gedenkreden kaum noch ertragen kann, obwohl ich deren Substanz vorbehaltlos bejahe. Doch längst entstammt diese gedankenlos vorgetragene Gedenk-Substanz nicht mehr dem Herzen der Redner. Wie mit Bausteinen basteln sie oder ihre Redenschreiber das „Bau"-Werk zusammen. Vokabular und Tonlage sind vorhersehbar. Vollkommen versteint und persönlich unbetroffen ist dieses Gedenken. Redner und Zuhörer sind froh, wenn sie alles „hinter sich" haben.

Ich wollte ein Kontrastprogramm bieten. Ob es mir gelang, mögen die Leser beurteilen. Allerdings sind es zwei Reden geworden. Weshalb zwei Fassungen für einen Anlass? Weil die erste vor dem Schwarzen Sabbat vom 7. Oktober 2023 geschrieben wurde, also vor der Mord- und Blutorgie der Hamas-Terroristen in Israel und dem anschließenden Krieg. Danach war es mir unmöglich, denselben Text vorzutragen. Ich denke und hoffe, dass die Leser anhand der Lektüre beider Texte erkennen, für wie schwerwiegend ich jenen Zivilisationsbruch halte.

Kritik ist sinnvoll und immer notwendig, denn nur auf diese Weise kann man Stagnation überwinden. Doch Verbesserungen, Erwartungen und Forderungen sollten dann auch zuerst gedacht und schließlich gemacht werden. Dies sei im abschließenden Teil dieses sowohl zornigen als auch kühl nachdenklichen kleinen Buches versucht. Empörung plus Analyse? Eigentlich unmöglich. Oder doch? Das, verehrte Leser, können nur Sie entscheiden.

München im Dezember 2023

Die nicht gehaltene Rede: Der deutsche 9. November – Gedanken zum Gedenken

Geschrieben vor dem Hamas-Terrorüberfall auf Israel am 7. Oktober 2023 und vor den darauf folgenden Reaktionen in der deutschen und internationalen Öffentlichkeit.

Wieder werden Demokratien demokratisch zerlegt. Zumindest manche wollen auch unser, wie sie es nennen, „System" abschaffen. Dabei ist – trotz aller Defizite – dieses Deutschland das beste Deutschland, das es je gab.

Ein 9. November strahlt hell leuchtend: Mauerfall, der 9. November 1989. Gewiss, auch danach gab und gibt es enorme Probleme. Trotzdem ist der Deutschen heutige Sauertöpfischkeit global total disproportional.

Der 9. November 1938 und 1989 – hier wird der doppelte Boden von Moral, Geschichte sowie, ja, des menschlichen Seins Ereignis. 1918 Revolution zur Demokratie. 1923 Hitlermarsch für Diktatur. 1938 deutscher Raub, Mord und Totschlag an deutschen Juden und danach an sechs Millionen europäischen Juden. Shoah bzw. Katastrophe, die Katastrophe. 1989 Jubel, die Mauer ist gefallen. Der deutsche 9. November.

Schatten und Licht deutscher Geschichte, des menschlichen Seins schlechthin.

Einen weiteren Schatten ignorieren die meisten: den 9. November 1969. Damals versuchten die „Tupamaros Westberlin" ein Bombenattentat auf Heinz Galinski, den damaligen Vorsitzenden der Jüdischen Gemeinde zu Berlin. Es war der erste sichtbare Hassbeweis des deutschen Linksterrorismus und -extremismus gegen Juden und, ja, Israel. Nicht nur daraus folgt nichts Neues, doch oft Verniedlichtes: Auch Linke, besonders Linksextremisten, sind gegenüber Judenhass nicht immun.

Ich gestehe: Ich bin empfindlicher, als ich war, denn nicht nur ich persönlich habe in den jüngsten zwei Jahrzehnten zu viel Judenhass von rechts, links und islamischen Extremisten erlebt. Erkannt, benannt oder gar bestraft wurde er zu selten. Nein, nicht nur „die" Politiker sind daran schuld. Viele, zu viele.

Mein Vater Max Wolffsohn war Jahrgang 1919. In der Todesanzeige platzierte unsere Familie im Jahre 2000 diesen Satz:

„Von Berlin nach Tel Aviv und trotz allem zurück nach Berlin".

Warum „trotz allem"?

Berlin, 9. November 1938. Seit August 1938 befand sich mein Großvater Karl Wolffsohn in Gestapo-„Schutzhaft". O ja, das deutsche Volk musste vor ihm

„geschützt" werden, denn: Nach den seit 1933 zahlreichen „Arisierungen" seines Vermögens hatte er sich geweigert, sich noch mehr von den Nazis rauben zu lassen. Nämlich seine Gartenstadt Atlantic in Berlin-Gesundbrunnen. Ein, so hieß das damals, „Volks- und Parteigenosse", der „Rechts"-Anwalt Walter Neye, hatte meinen Großvater bei der Gestapo angezeigt. Sie dankte es ihm und verhaftete meinen Großvater, um die reinrassigen Deutschen vor meinem Opa Karl zu schützen. Auch die spätere DDR dankte es Walther Neye. Ohne die entsprechende akademische Qualifikation wurde Neye 1948 Juraprofessor an der Humboldt-Universität, 1950 Dekan, und von 1952 bis 1957 amtierte er als Rektor der Humboldt-Universität.

Zurück zum 9. November 1938. Meine Großmutter (hebräisch: Sabta, also Sabta Recha), Jahrgang 1887, wollte ihren Karl bei seinen „Beschützern" in der Berliner Gestapozentrale besuchen. Man beachte den Vornamen meiner Großmutter: Recha. Dieser Vorname war Programm. Recha wie Nathans Tochter in Lessings unsterblichem Toleranz-Stück „Nathan der Weise". Toleranz, das war der Wunschtraum deutscher Juden. Es wurde nach dem 9. November 1938 ein sechsmillionenfacher europäisch-jüdischer Albtraum. Nicht Traum, sondern Wirklichkeit.

Recha am 9. November 1938 in der Gestapozentrale: Der Offizier, der mit Recha sprach, sagte die Wahrheit, nämlich: „Heute, Frau Wolffsohn, ist Ihr Mann wirklich in Schutzhaft." Auch das gab es. Erinnert sei in diesem Zusammenhang auch an den Polizeireviervorsteher Wilhelm Krützfeld. Ihm war es zu verdanken, dass der SA-Mob am 9. November 1938 nicht die Synagoge in der Oranienburger Straße abfackeln konnte.

Die Gartenstadt Atlantic wurde während seiner Gestapohaft arisiert, und Opa Karl musste, wie alle Juden, die bis 1939 aus Deutschland flohen, all seine Habe zurücklassen. Alles verloren, das Leben gerettet. In Britisch-Palästina, dem heutigen Israel. Im Vergleich zu den sechs Millionen ermordeten Juden waren die Wolffsohns Glückskinder. Sie hatten überlebt. Aber zurück, ausgerechnet nach Deutschland?

Trotz allem kehrten Karl und Recha 1949 nach Berlin zurück. Warum? Weil sie das Raubgut nicht in den Händen der Räuber belassen wollten. Ein Prozess folgte dem anderen. Fast alles verlor Opa Karl im neudeutschen „Rechts"-Staat, wo mehrheitlich Juristen „Recht" sprachen, deren braune Westen mattweiß überpinselt waren. Ein Herzanfall folgte dem anderen. Mein Vater wurde gebeten, mit Frau Thea und Sohn Michael aus Tel Aviv nach Berlin zu kommen, um Opa Karl zu unterstützen. Karl starb 1957, er starb am gebrochenen Herzen. Max kämpfte weiter und verlor weiter, denn die braune Justiz sprach weiter „Recht". Mein Vater wurde höchstrichterlich 1962 verurteilt, der Bank eine Ehrenerklärung auszustellen und ihr 30 000 DM Strafe wegen Rufschädigung zu bezahlen, die sich bei der Arisierung besonders hervorgetan hatte. Juristische Schamlosigkeiten gab es bei der Wieder„gut"machung oft, doch dieser Fall ist, auch für Kundige, einzigartig.

Nicht nur die Justiz war damals noch braun. Auch weite Teile der deutschen West- und Ost-Gesellschaft, Politik, Wirtschaft, Wissenschaft und, ja, der Medien. Das ist das Wunder im deutschen Westen: Gestützt auf die Macht der westlichen Siegermächte, baute eine überparteiliche Minderheit demokratischer Positionseliten eine nahezu mustergültig funktionierende Demokratie. Mit wessen Zutun? Mit Millionen einstiger Mitläufer, NS-Aktivisten und -Täter. Das gleiche Muster, freilich unter ganz anderen politischen Vorzeichen, in der DDR. Das geschichtsethische Fazit ist niederschmetternd. Es lautet: Erst kommt die Macht, dann die Moral.

Nach zwölf schier endlosen und erniedrigenden Prozessjahren wurde meiner Familie, ebenfalls 1962, die Wohnanlage Gartenstadt Atlantic wieder zugesprochen. Ohne die „Lichtburg" – einst eines der größten Kinos in Europa – und ohne ca. 10 000 Quadratmeter Grund. In den Jahren 2001 bis 2005 haben wir sie vollständig modernisiert und dabei 15 Jahre lang auf jegliche Rendite verzichtet. Trotz allem und nach allem. Unsere Verbundenheit mit dem neuen, humanen Deutschland. Heute dankt uns das Berlin. Das war nicht von Anfang an so – wir hatten erhebliche Widerstände zu überwinden … Schatten und Licht, wie am deutschen 9. November, wie im menschlichen Sein.

Die Reichskristallnacht, nur in Deutschland verschlimmbessernd und nicht verstehend „Reichspogromnacht" genannt, und danach das sechsmillionenfache Judenmorden sind nicht „nur" eine deutsch-europäisch-jüdische, sondern eine weltgeschichtliche Katastrophe. Sie zeigt, dass und wie unfähig und unwillig nicht nur in Deutschland Mehrheiten sind, Angehörige von Minderheiten als „Menschen wie du und ich" zu betrachten und zu behandeln.

Meine sowohl jüdische als auch nichtjüdische Familie hat aus Reichskristallnacht und Katastrophe, genannt „Shoah", folgende Lehre gezogen: Es reicht nicht, dass Christen Juden tolerieren. Es reicht nicht, Minderheiten zu tolerieren, wir müssen sie akzeptieren. Wir müssen und wollen Muslime inkludieren. Es müssen Christen und Juden auch einheimische Muslime integrieren. Deshalb haben wir in der Gartenstadt Atlantic, im sozialen und religiösen Brennpunkt Gesundbrunnen, einen Mikrokosmos aus Bildungs- und Kultureinrichtungen für Kinder und Jugendliche, teils auch Senioren, realisiert. Zielgruppen waren und sind alle. Deutsche und Nichtdeutsche, Juden und Nichtjuden, Muslime und Nichtmuslime. Ja, vorwiegend Muslime, denn: Wer Lehren aus der Reichskristallnacht ziehen will, muss heute prä- und reaktiv alle Minderheiten einschließende Gedanken entwickeln und anwenden. Nicht von oben herab, sondern auf Augenhöhe. Am besten unter der Regie von neudeutschen Muslimen, die fest auf dem Boden unseres Rechts- und Sozialstaates stehen. Dieses Integrations- und Toleranzideal personifizierte im Mikrokosmos Gartenstadt Atlantic unser deutsch-türkischer Koordinator Yavuz Yer. Eine staatliche Auszeichnung für ihn wäre überfällig, denke ich.

Zurück zum 9. November 1938: Vor ihrem Gestapobesuch hatte Sabta Recha einen „guten Freund" der Familie getroffen. Er war deutlich bescheidener als Walther Neye. Er wollte „nur" das knapp 8000 Quadratmeter große Wolffsohn'sche Grundstück samt Villa, Nebengebäude und Bungalow, gelegen direkt am Ufer des Stölpchensees in Berlin-Wannsee. Sollte sich seine gute Freundin Recha weigern, werde er die Gestapo bemühen. Karl Wolffsohns Haft würde dadurch gewiss nicht kürzer. Bald waren auch Grund und Häuser am Stölpchensee arisiert. 1950: Karl Wolffsohn erwartet und fordert Rückgabe. Nach vier Jahren demütigender Kämpfe Rückgabe. Nicht gerade die herzlichste Willkommenskultur für NS-verfolgte Rückkehrer. Noch herzlicher dann zwei Jahre später. Der Bezirk dekre-

tiert: Wir wollen dort eine öffentlich zugängliche Grünanlage errichten. Ein Jahr danach starb Karl Wolffsohn.
Nicht zuletzt die Art deutscher Wieder„gut"machung
hatte sein seit Hitler krankes Herz endgültig gebrochen.
Mein Vater war faktisch gezwungen, 1965 das Stölp-
chensee-Grundstück zu verkaufen. Vier Jahre nach dem
Mauerbau waren die West-Berliner Immobilienpreise
im Keller. Sind es böse Zungen, die diesen Vorgang eine
„zweite Arisierung" nennen? Typisch deutsch war diese
Unwillkommenskultur jedenfalls nicht. In Frankreich
wurden überlebenden Juden, die in ihre nach der De-
portation geraubten Wohnungen oder Häuser zurück-
kehren wollten, die Türen vor der Nase zugeschlagen.
Im polnischen Kielce machten Arisierungsprofiteure
im Juli 1946 noch kürzeren Prozess: 40 jüdische Rückkehrer wurden ermordet, 80 verletzt. So gesehen, war
die zweite Arisierung unseres Stölpchensee-Anwesens
durchaus zivilisiert.

Raubkunst – darüber sprechen alle. Doch wer spricht
von oder nimmt sich der Raubimmobilien, des Raub-
schmucks, geraubter Musikinstrumente und so weiter
an? Keine Lobby weit und breit. Schweigen im Walde.

1965 hat mein Vater also das Stölpchensee-Anwe-
sen verkauft, denn weder reparieren noch bauen durfte er auf dem Grundstück. Aber – eine Fäkaliengrube
anlegen, das durfte er. 1976 musste meine Familie als
Fortsetzung der Willkommensunkultur Bungalow und

Grundstück räumen, obwohl die Mieter der beiden anderen Gebäude auf demselben Areal weitere zehn Jahre bleiben durften. Auf die öffentlich zugängliche Grünanlage warten die Berliner heute noch.

Sie werden verstehen, dass ich im Jahre 2023 nicht über den 9. November 1938, das „Dritte Reich" und dessen „Aufarbeitung" sprechen kann, ohne diesen Aspekt zu erwähnen. Er betrifft nicht nur meinen familiären Mikrokosmos, sondern, als Pars pro Toto, also ganz allgemein, viele andere, also den Makrokosmos. Deutschland nach 1945 – wirklich „Weltmeister der Vergangenheitsbewältigung"?

Das Recht sagt: Alles verjährt. Was sagt die Gerechtigkeit? Recht und Gerechtigkeit, beides hohe Güter. Ein noch höheres Gut ist Versöhnung – und durch Versöhnung innerer Frieden. Kollektiv und individuell. Des eigenen inneren Friedens sowie des gesellschaftlichen Binnenfriedens wegen hat meine Familie nach 1965, auch nach der Wiedervereinigung, weder Rückgabe noch Entschädigung gefordert. Angesichts der mir lange unbekannten Stölpchensee-Fakten sind wir verunsichert. Ich danke Frau Präsidentin Cornelia Seibeld, die sich seit Jahren vehement dafür einsetzt, dass dort nun doch eine öffentliche Grünfläche eingerichtet und eine Gedenkstele errichtet werde. Herzlichen Dank. Besonderen Dank auch der Bezirksverordneten Katharina

Concu von der FDP sowie dem grünen Bezirksstadtrat Urban Aykal. Ganz anders die grüne Bezirksbürgermeisterin. Sie verkündete: Man solle in dieser Sache nicht „einen auf CDU machen" und Ruhe geben. Überparteiliche Geschichtsethik und -praxis stelle ich mir anders vor.

Gemäß dem in Deutschland verbreiteten, unreflektierten Reflex müsste ich so eine dahingeplapperte Bemerkung eigentlich sofort „antisemitisch" nennen. Ich weigere mich, denn erstens ist zwischen Geplapper und ernsthaften Gedanken zu unterscheiden. Zweitens ist nicht jeder Andersdenkende – selbst beim Gebrauch eines ethischen Schmuddelvokabulars – automatisch ein Nazi. Wer, wie im politischen Volkssport Deutschlands, leichtfertig jedem bei jeder unpassenden Gelegenheit den Nazi an den Kopf wirft, weiß nichts über oder verniedlicht den wahren Nazismus und macht ihn auf diese Weise zwar nicht gleich salonfähig, doch wählbar und bewirkt Abstumpfung. Tenor: „Wenn der schon Nazi ist, dann war und ist Nazismus harmlos." Wer diese politische Unsitte fortsetzt, scheitert weiter krachend im so notwendigen Kampf gegen die Renaissance des Juden- und jeglichen anderen Hasses, scheitert, wie jüngste Wahlen und Umfragen beweisen, kläglich an der Restabilisierung unseres im Kern mustergültig demokratischen „Systems". Diesen wie jeden anderen Fehler darf man einmal machen, aber nicht aus Unbelehrbarkeit wiederholen. Wenn sich jedoch Akteur A und Akteur B unbedingt weiter bei fast jeder Kontroverse inflationär als Nazi beschimpfen, sollten sie bitte nicht uns Juden als Koscherstempel missbrauchen. Keine unserer jüdischen Personen oder Institutionen ist herkunftsbedingt koscherer als jede andere legale oder legitimierte Institution und Person dieses Landes.

Im Folgenden mute ich Ihnen den Text der Todesanzeige meiner Mutter zu. Er lautete:

Thea Wolffsohn, geborene Saalheimer

1. Dezember 1922 Bamberg   4. Juni 2023 Berlin

1939 Flucht nach Tel Aviv   1954 wieder Deutschland – dennoch

Wir waren Glückskinder – trotz allem

Glückskinder? Ja, so sah das meine Mutter. Anders als sechs Millionen anderer Juden hat sie überlebt, ebenso ihre Eltern, ihre beiden Schwestern, ihr Mann, ihre Schwiegereltern.

Bamberg, 9. November 1938. So erzählte es meine Großmutter Gretel Saalheimer ihrer Tochter Thea am Tag danach: *Die SA kam gestern Abend und hat wie meschugge gegen die Wohnungstür geschlagen. Der Vati hat geöffnet. Im Schlafanzug. „Raus mit euch Scheißjuden", schrie einer der Männer. Der Vati sagte: „Das ist gewiss ein Irrtum. Ich bin ein treuer Deutscher. Ich habe im Krieg für Deutsch-*

land gekämpft und das Eiserne Kreuz bekommen.“ „Kleb' dir deinen Orden an den Judenarsch“, brüllte der SA-Mann, holte einen Schlagstock und hieb dreimal auf Vati ein. Er blutete, die SA hat ihn weggezerrt. In Unterhosen. Sie haben ihn nach Dachau gebracht.

Ich kürze ab. Endlich war auch den naiv-treudeutschen Saalheimers klar: So schnell wie möglich, wenn möglich, raus aus Deutschland. Scheinbar unmöglich, denn kein Staat der Welt außer der Diktatur der Dominikanischen Republik war bereit, Juden aus Großdeutschland aufzunehmen. Wie zig deutsche Juden wanderten Oma Gretel und Tochter Thea tagelang von einem Konsulat zum anderen, um ein Familienvisum zu erbetteln. Vergeblich. Britisch-Palästina? Seit 1924 hatte die angeblich projüdische und prozionistische Regierung Seiner Britischen Majestät die Tore Palästinas aus Angst vor Arabern und anderen Muslimen für Juden fast vollständig verrammelt. Fast.

Dann dieses Wunder: Opa Justus kam frei. Sein Bruder Siegfried (der Peinlichkeit wegen verkürzt auf „Fredi“) war, weil klüger als alle seine drei Geschwister und die meisten jüdischen Deutschen, bereits 1933 nach Britisch-Palästina ausgewandert. Er schaffte das scheinbar Unmögliche: Trotz der britischen Judenschranken durfte Familie Justus Saalheimer nach Britisch-Palästina einreisen. Und weswegen durfte sie aus Deutschland legal ausreisen? Weil die Nazis 1938/39, anders als ab

1941/42, auf dem Weg zum „judenreinen" Deutschland noch nicht alle Juden endgültig ermorden, sondern „nur" loswerden wollten. Ab Mai 1939 verrammelte Britannien Palästinas Pforten vollständig. Glück im Unglück für die Saalheimers, die im März 1939 in Haifa eintrafen.

Auch die Saalheimer-Geschichte erklärt, weshalb die große Mehrheit aller Juden Ja zu Israel sagt. Ja *zum* Staat Israel, unabhängig von den jeweiligen Koalitionen und Personen *im* Staat Israel. Die Antwort ist ganz einfach und aus der 3000-jährigen Jüdischen Weltgeschichte ableitbar. Nicht zuletzt aus den zwölf Jahren, in denen – vor allem seit dem 9. November 1938 – der „Tod ein Meister aus Deutschland" war und dabei in ganz Europa willige Gesellen fand. Israel ist für die Juden, für alle Juden, erstmals seit rund 2000 Jahren eine Lebensversicherung, *die* Lebensversicherung. Anders als in den 2000 Jahren zuvor muss sich seit 1948 kein Jude mehr wie Oma Gretel im November 1938 von Konsulat zu Konsulat schleppen, um ein Visum zu erbetteln. Anders als zuvor müssen wir Juden, egal, wo wir leben, und erst recht als loyale und meistens gemeinwohlorientierte Staatsbürger seit 1948 auch nicht mehr darum betteln, wie jeder andere im jeweiligen Gemeinwesen toleriert und akzeptiert zu werden. Israel als jederzeit mögliche Alternative für Juden heißt nicht, wir säßen auf gepackten Koffern oder wollten auswandern, Es heißt jedoch:

Wir sind Subjekt unseres jüdischen Daseins. Als Objekt von Diskriminierung oder gar Liquidierung stehen wir nicht mehr alternativlos zur Verfügung. Frankreichs Juden haben es gezeigt: Der Staat ist seit 20 Jahren ohnmächtig gegen antijüdische Gewalt, rund 80 000 von 500 000 Juden wanderten nach Israel aus.

Manche werden mir sagen: „Sieh her, 20 000 Israelis sind aus Israel nach Berlin gekommen. Ein großer Vertrauensbeweis." Stimmt. Doch Vertrauen ist keine Konstante, und jüdisches Leben ist heute mehr gefährdet als noch vor wenigen Jahren. Ich erinnere zudem daran, dass ab 1881/82 Zehntausende „Ostjuden" aus dem russischen Zaren- ins deutsche Hohenzollernreich strömten. Außer den USA galt den Juden Deutsches und Deutschland als Ideal. Man lese dazu den Klassiker, den Roman „Pojaz" von Karl Emil Franzos aus dem Jahre 1904. Danach eben 1933 bis 1945 ...

Ja, wie jeder Staat weist Israel Defizite auf. Ja, auch in Israel gibt es Rassisten. Wie leider überall. Widerlich. Übrigens auch in Deutschland. Deshalb: „Wer selbst im Glashaus sitzt, soll nicht mit Steinen werfen."

Wie die Wolffsohns konnten die Saalheimers im nahezu letzten Augenblick, im März 1939, aus Hitlers Deutschland nach Britisch-Palästina fliehen. Dort tobte vom April 1936 bis zum April 1939 der „Arabische Aufstand", sprich: der Krieg der Palästinenser gegen die britische Mandatsmacht sowie vor allem gegen die

Juden in Palästina. Ihr Anführer war Amin al-Husseini, seines Zeichens Großmufti von Jerusalem. Er war geistlicher und zugleich politischer Führer der Palästinenser. Heute würde man ihn einen Islamistenführer nennen.

Die Saalheimers wohnten in unmittelbarer Nähe von Sarona, einer Siedlung der deutschen Templer. Die Templer waren kirchlich praktizierende Christen und dabei nicht unbedingt christlich im jesuanischen Sinne, eher Fundamentalisten. Keine angenehme Nachbarschaft, denn: 17 Prozent der in Palästina 1938 lebenden Templer waren NSDAP-Mitglieder. Nicht nur sie, sondern fast alle Templer unterstützten die Palästinenser im Kampf gegen Juden und Briten. Beide hielten Juden und Briten für ihre Feinde.

Bis zur militärischen Niederlage der Palästinenser im April 1939 donnerten täglich Bomben auf die Saalheimers und ihre Tel Aviver Nachbarn. Wie für alle Juden in Palästina bedeutete auch für die Saalheimers Flucht nicht unbedingt auch Sicherheit. Das blieb so bis heute.

Amin al-Husseini floh in den Irak und zettelte gemeinsam mit anderen Nationalisten und Islamisten einen prodeutschen Aufstand gegen die dort stationierten Briten an. Wieder scheiterte er. Nun floh der Führer des kleinen Palästinenservolkes zum Führer des Großdeutschen Reiches, Adolf Hitler, der ihm bis zum Kriegsende Asyl bot. Im November 1941 wurde al-

Husseini von Hitler empfangen. In der Gesprächsaufzeichnung wurde, neben anderen Unsinnigkeiten, ausdrücklich darauf hingewiesen, dass der „Führer" von al-Husseinis nahezu arisch blauen Augen beeindruckt gewesen sei. Blau oder nicht, Husseini war ein dankbarer Gast und mobilisierte auf dem Balkan zahlreiche Muslime als Kämpfer der Waffen-SS. Ergänzt sei, dass im Zweiten Weltkrieg nicht nur arabische und Balkan-Muslime, sondern auch Muslime in der von Deutschland überfallenen Sowjetunion mit Hitlers Wehrmacht und SS kooperierten.

Weshalb ich wieder meine familiäre Mikro- mit der deutschen Makrowelt verbinde? Weil es in der öffentlichen sogenannten Postkolonialismus-Debatte derzeit unter Historikern und Möchte-gern-Historikern, auch in Politik, Medien und Kultur, Mode ist, „die" Juden, auch die sechs Millionen jüdischen Märtyrer, als Teil der weißen, teuflischen Kolonialisten zu betrachten. Absurd.

Ich verbinde meine Mikro- mit der Makrowelt auch, weil ich auf diese Weise verdeutlichen kann, dass zur Aufarbeitung der deutschen NS-Geschichte auch die Kollaboration von Muslimen gehört. Eine solche Aufarbeitung bedeutet keine Provokation, sondern notwendige Reflexion als gemeinsame Aktion, wohlgemerkt: *gemeinsame* Aktion. Es gibt sehr wohl deutsche Muslime, mit denen nicht nur ich über die deeskalierenden politischen Konsequenzen der deutsch-jüdisch-israelisch-muslimischen Geschichte und Gegenwart vollkommen entspannt nachdenken und sprechen kann. Aus Angst vor muslimischen Extremisten erhalten diese Verständigungsmuslime kaum politische Unterstützung. Sie werden mehr isoliert als hofiert. Ein Skandal? Nicht nur, auch eine Dummheit.

Die bisher in und von Deutschland als rein alteinheimisch-deutsch praktizierte Aufarbeitung der NS-Zeit führt zwangsläufig bei unseren muslimischen Neu- und Mitbürgern zu dieser Wahrnehmung: „Geht mich als muslimischer Neudeutscher nichts an. Müssen und sollen die Altdeutschen unter sich ausmachen." Eben nicht. Und gerade dieses „Eben nicht" schafft, weil gemeinsam angepackt, ein neudeutsches Wir, ein echtes neudeutsches Wir.

Sparen kann man sich die gut gemeinten, so liebenswürdigen und erkennbar nichts bewirkenden Plakataktionen voriger Berliner Senate gegen Judenwitze und Antisemitismus, auf denen 2021 zu lesen war: „Hinsehen, Erkennen, Handeln". Nichts dagegen, aber konnten sie damit die zunehmende verbale und körperliche Gewalt gegen Juden verhindern? Kein bisschen. So wenig wie im Juni 2023 mit Plakattexten des Bundes wie: „Essen Juden Cheeseburger?" oder „War schon mal ein Jude auf dem Mond?" oder „Gibt es ein jüdisches

Tinder?" oder „Kann Sex koscher sein?" Alles gut gemeint, doch wirkungslos. Bezogen auf eine Gemeinschaft, aus der ein Spinoza, Kafka, Einstein, Freud oder
andere Genies erwuchsen, die der Menschheit Segens-
reiches schenkten, mit solch, Entschuldigung, platten
Albernheiten für Toleranz zu werben, ist für mich fast
schon eine Provokation. Gewiss, nicht jeder Jude ist ge-
nial, es gibt auch dumme Juden. Doch ihre Würde und
ihr Leben als Mensch sind ebenso unantastbar wie die
eines jeden anderen Menschen.

„Gemeinsam Antisemitismus stoppen!", verlangte
ein Plakat der reich bezuschussten Amadeu-Antonio-
Stiftung. Gute Idee, keine Wirkung. Oder: „Stopp! Israel mit dem Nationalsozialismus gleichsetzen – so viel
mehr als nur verkehrt." Schlampig formuliert, Inhalt
stimmt. Wirkung?

Was tun, was sagen? Bildung, Bildung, Bildung, sagen viele. Dass ich als Professor diesen Vorschlag be-
grüße, wird Sie nicht überraschen, doch national- und
universalhistorisch ist die Annahme, Bildung fördere
Menschlichkeit, leider widerlegt. Himmler hatte ein
Elitegymnasium besucht, Stalin, Mao und Pol Pot waren hochgebildet, und die ersten „Märzgefallenen", NS-
Mit- und Vorläufer, waren ab 1933 deutsche Professoren
wie Martin Heidegger oder Wilhelm Mommsen. Was
tun also?

Das zum Beispiel: „Nur die dümmsten Kälber wählen ihren Metzger selber." Im Klartext: Seit rund 3000 Jahren beweist die Jüdische Weltgeschichte den sogenannten Gastvölkern: Wenn es ihren Juden gut geht, geht es auch ihnen gut und besser, weil Juden in der Regel nicht nur absolut loyale Staatsbürger, sondern auch vorzüglich ausgebildet und deshalb innovativ sind. Das wiederum ist ein wirtschaftlicher, gesellschaftlicher und kultureller Modernisierungsmotor. Wo es Juden gut geht, geht es allen gut und besser.

Eine der entscheidenden Voraussetzungen für Deutschlands Aufstieg im 19. und frühen 20. Jahrhundert zur wirtschaftlichen, wissenschaftlichen und kulturellen Weltmacht war die seit 1812 allmählich gewährte rechtliche Gleichstellung der Juden.

Dieses Ass haben sich die Nazideutschen selbst aus der Hand geschlagen. Jenseits der im mehrfachen Sinne unfassbaren Zahlen der Weltkriegsopfer – sie schwanken zwischen 60 und 85 Millionen einschließlich der sechs Millionen jüdischer Märtyrer – zahlten etwa sechs Millionen Deutsche mit ihrem Leben für Wahn und Verbrechen der Nazis. Von den zerstörten Städten ganz zu schweigen.

Antisemitismus trifft also nicht nur die Juden, er schadet nicht zuletzt auch den Antisemiten.

Das dringend notwendige neue deutsche Gedenken an Kristallnacht, Judenmorde und andere NS-Verbrechen muss nicht nur am oder zum Jahrestag des 9. November zielgruppengerechte Gedanken und vor allem eine Ethik entwickeln, sprich: Herzensbildung für die Sicherung und Festigung unserer humanen und notwendigerweise wehrhaften Demokratie. Schaffen wir das? Yes, we can. Wir müssen, weil dieses Deutschland das beste ist, das es je gab.

Die gehaltene Rede:
85 Jahre „danach" –
Antisemitismus, haus-
gemacht und importiert

Geschrieben nach dem Hamas-Terrorüberfall auf Israel am 7. Oktober 2023 und den darauffolgenden Reaktionen in der deutschen und internationalen Öffentlichkeit

Rabenschwarz wird meine Ansprache – und doch nicht ganz. Seit dem Hamas-Massenmord vom 7. Oktober 2023 sowie den diesbezüglichen Jubel- oder zumindest Sympathiebekundungen auf Berliner, deutschen und vielen Straßen der Welt kann ich nicht wie zuvor über den NS-deutschen 9. November 1938 denken, werten und sprechen. Daher ist dies die zweite Fassung meiner Rede. Die erste, meiner bisherigen Weltsicht gemäß, optimistische hatte ich Ende September dieses Jahres abgeschlossen. Vielleicht, hoffentlich, sehe ich derzeit zu schwarz. Sehen Sie es mir nach. Das ist die eine Seite, die Makroebene. Die andere, die Mikroebene: Ich kann Sie beruhigen. Trotz allem ist die Bundesrepublik für mich ein gutes Deutschland. Seit Jahren und besonders seit dem 7. Oktober dieses Jahres erreichen meine Familie und mich herzerwärmende Signale aufrichtiger Verbundenheit, Freundschaft und Zuneigung von Freunden und Bekannten, Unbekannten und auch – ohne Namen zu nennen – aus Berlins Politik, Publizistik und Kultur. Genug der Vorrede.

„Der Mensch ist des Menschen Wolf." In ihrer 3000-jährigen Geschichte haben ganz besonders Juden überall und immer den Wahrheitsgehalt dieses Plautus-Satzes aus dem zweiten vorchristlichen Jahrhundert erfahren. Die meisten schreiben ihn Thomas Hobbes zu. Bezogen auf die christliche Welt, erleben Juden das überwiegend Wölfische am Menschen seit 2000 Jahren, bezogen auf die islamische, „erst" seit 1400 Jahren.

Das bedeutet: Jüdisches Leben war und ist *Existenz auf Widerruf*. Nicht erst seit 1933, dem deutschen Pogrom vom 9. November 1938 und dem sechsmillionenfachen Judenmorden erleiden Juden einen Zivilisationsbruch nach dem anderen.

Zivilisation, das ist der Schutz des Menschen vor sich selbst, also das verinnerlichte und nach außen formalisierte Regelwerk von Rücksichtnahme und Menschlichkeit. Zivilisations*bruch* bedeutet daher: Der Damm der Menschlichkeit ist mal mehr, mal weniger gebrochen, aber eben gebrochen. Zuletzt den Juden gegenüber durch die Hamas-Mord- und Blutorgie.

Jüdisches Leben war vom Ende antik-jüdischer Staatlichkeit im Jahre 70 n. Chr. bis zur Gründung Israels im Jahre 1948 Existenz auf Widerruf. Die Antwort darauf war seit 1897 der Zionismus und als dessen Verwirklichung der Jüdische Staat, also Israel. Versprochen – und gehalten – hat der Zionismus dies: Als Mehrheit im eigenen Staat seien Juden fürs Überleben nicht mehr von der Gnade der Nichtjuden abhängig. Innenpolitische Sicherheit also, nicht außenpolitische. So bleibt jüdische Existenz in Israel außenpolitisch Existenz auf Widerruf und in der Diaspora innenpolitisch Existenz auf Widerruf. Zur Zeit des mörderischen deutschen Zivilisationsbruchs gab es für Juden nicht einmal den innenpolitischen Zufluchtsort Israel. Heute brüllt der Mob nicht nur auf Deutschlands Straßen, sondern weltweit „Tod Israel!" und „Tod den Juden!". So auch die Huthi-Piraten, die am 21. November 2023 ein Schiff im Roten Meer kaperten.

Juden raus. Nicht nur aus Israel. Raus. Doch wohin? Ins multinationale Berlin-Neukölln, ins weitgehend mononationale Dahlem? Nach Marokko, Algerien, Tunesien, Ägypten, Syrien, in die Türkei, den Irak oder Iran? Auch dort wurden sie, bereits vor Zionismus und Israel sowie erst recht seitdem, diskriminiert und liquidiert. Zurück also in die jeweilige Heimat ihrer Vorfahren, wo sie so heimisch waren, dass die anderen Einheimischen sie, je nach Bedarf, tolerierten oder liquidierten und einen Zivilisationsbruch nach dem anderen inszenierten?

Dass die toten Juden, wie in der Bundesrepublik ab 1949, von Gesellschaft und Politik beweint werden, ist, historisch betrachtet, eine löbliche Ausnahme. Die toten Juden werden beweint, allerdings lebende und wehrhafte Juden meist kritisiert. Jüdische Wehrhaftigkeit gehört nicht ins Programm des traditionellen Rollenspiels.

Wunderbar sarkastisch brachte es Heinrich Heine rund 100 Jahre vor der Reichskristallnacht in seinem Gedicht „An Edom" auf den Punkt. Gedichtet für und gerichtet an war es an Heines fiktiven christlichen Bruder. Historisch und aktualisierend politisch zutreffend, erweitern wir es um unsere muslimischen Geschwister.

Ein Jahrtausend schon und länger,
Dulden wir uns brüderlich,
Du, du duldest, dass ich atme,
Dass du rasest, dulde Ich.

Manchmal nur, in dunkeln Zeiten,
Ward dir wunderlich zu Mut,
Und die liebefrommen Tätzchen
Färbtest du mit meinem Blut!

Jetzt wird unsre Freundschaft fester,
Und noch täglich nimmt sie zu;
Denn ich selbst begann zu rasen,
Und ich werde fast wie Du.

Hier sprach nicht nur Heines literarisches Ich, auch sein persönliches. Er irrte leider. Deutschlands und Europas Juden „rasten" bzw. tobten nicht. Sie ließen sich töten. Deshalb sagt die Mehrheit der jüdischen Welt „Nie wieder Opfer!" und „Notfalls töten, um das Morden zu beenden". Richtig. Hingegen haben aufgeklärte Deutsche aus ihrer Geschichte die für sie selbst ebenfalls richtige Lehre gezogen: „Nie wieder Täter!" Erinnerung und Geschichte als Falle, nicht Brücke. Dabei vergessen viele Deutsche gern diese Tatsache: Die Freiheit, die sie im Westen seit 1945 und im Osten seit 1990 genießen, wurde nur dadurch möglich, dass die Alliierten im Zweiten Weltkrieg Millionen Deutsche und ihre Helfer töteten, um das deutsche Massenmorden zu beenden. Heute (nicht damals) spricht man vom Kriegsende 1945 als „Befreiung". Allein, ohne Hilfe von außen, konnten sich „die" Deutschen nicht von den NS-Verbrechern und letztlich von sich selbst befreien. „Töten, um das Morden zu beenden". Eigentlich müsste es jeder Deutsche angesichts der deutschen Geschichte verstehen.

Zwei judenpolitische Ebenen verlaufen parallel und simultan. Ebene eins: Gedenken an den Pogrom der Reichskristallnacht und „Nie wieder Auschwitz!". Ebene zwei: Schon lange vor dem „Tod den Juden"-Gebrüll am Kurfürstendamm im Juli 2014 oder im Oktober 2023 in Berlin-Neukölln grölt nicht nur der Mob jene Parolen. Vergleichbares unter den vermeintlichen Eliten. Nicht nur an der FU Berlin, nicht nur heute. 1974, volle Mensa der FU, ein linker Agitator beschimpft megafongestärkt. „Der da, Wolffsohn heißt er. Er ist ein Faschist, er war in der Armee Israels." Heute antijüdische Hasstiraden selbst an Eliteuniversitäten wie Harvard, Yale, Princeton oder Cornell, Oxford, Cambridge und London oder an der Sorbonne. Ohne Bezug auf den Jüdischen Staat, den es noch nicht gab, wohl aber auf „die" Juden hörte sich das in Hitlers Reich nicht viel anders an, und zwar schon lange vor der Pogromnacht vom 9. November 1938 und von NS-Studenten bereits vor der Machtübergabe an Hitler. Die Mehrheit der deutschen Professoren gehörte 1933 zu den ersten „Märzgefallenen", also zu denen, die sich schnellstens mit dem NS-Staat identifizierten und solidarisierten.

Schlussfolgerung eins: Bildung schützt weder vor Torheit noch Antisemitismus oder Unmenschlichkeit. Es ist gut und bestens gemeint, wenn heutzutage Millionenbeträge in die politische Bildung investiert werden. Bildung ist gut und notwendig. Doch naiv ist es, Bildung, ja die Aufklärung als Allheilmittel zu betrachten. Erinnert sei daran, dass unter den Philosophen der Aufklärung nicht nur Voltaire, die Ikone der Aufklärung, ein übler Antisemit war. Bildung, verstanden als Addition von Wissen, bedeutet keineswegs auch Herzensbildung. Herzensbildung, das dokumentiert auch die Soziologie der Judenbeschützer im NS-Verbrecherstaat, findet man eher bei weniger Gebildeten. Herzensbildung ist kein Vorrecht der Gebildeten, man findet sie ebenso bei Analphabeten. Meine nicht akademische Urgroßmutter Sidonie hatte es krasser formuliert: „Hochstudiert und doch saudumm."

Schlussfolgerung zwei, bezogen auf die Gegenwart: „Tod den Juden" *und* „Tod Israel". Daran erkennen wir: Judenhass und Israelhass gehören zusammen. Ein Inhalt, ein Begriff eint sie: Antisemitismus. Von Anfang an war das so, denn ohne Judenhass kein Zionismus und kein Israel. Und seit Israel bezieht sich der Judenhass sowohl auf Israel als auch die Juden der Diaspora. So gesehen, ist Israelhass nur die geografische Erweiterung des Antisemitismus, bezogen auf das historische Ursprungsland der Juden. Wer daher über 1933 und 1938 bis 1945 redet, kann über 2023 nicht schweigen. Wegen der inhaltlichen und geschichtlichen Kontinuität.

Ein fundamentaler Unterschied besteht zwischen damals und heute: 1933 und von 1938 bis 1945 betrieb der deutsche Staat die Mordmaschinerie an den Juden Europas. Heute will der deutsche Staat die Juden schützen. Er will. Aber kann er? Individuell tut er es, und dafür bin auch bin ich dankbar. Auf der Makroebene kann er es ohne amerikanische und israelische Hilfe nicht.

Nur so viel: Zweifel an der Schutzwilligkeit des deutschen Staates bestehen nicht, wohl aber an seiner Schutzfähigkeit. Nicht nur der Schutzfähigkeit seinen jüdischen Bürgern, sondern allen seinen Bürgern gegenüber. Das sowohl judenpolitische als auch allgemeine Schutzdefizit des Staates ist gegenwärtig nicht nur ein deutsches Problem, sondern ein westeuropäisches.

Heutzutage gefährden vornehmlich drei Gruppen nicht nur die Juden, sondern alle aufgeklärten Bürger Europas. Erstens die Internationale der radikalfaschistischen Rambos und ihre weichen, bürgerlichen Spielarten. Zweitens die extremistische Linke einschließlich ihrer linksliberalen, kulturbürgerlichen Legitimatoren. Drittens die islamischen Fundamentalisten. Heute fordern sie „Tod Israel!" oder „Tod den Juden!" und morden ebenso Nichtjuden – wie am 19. Dezember 2016 auf dem Weihnachtsmarkt an der Berliner Gedächtniskirche.

Alle drei Gruppierungen wollen die offene Gesellschaft zerstören. Staatsversagen auf der ganzen Linie, ebenso mediales, gesellschaftliches und pädagogisches, denn bis zum 7. Oktober 2023 wurden nicht alle drei antisemitischen Großgruppen benannt und bekämpft, sondern fast ausschließlich nur der neofaschistische Antisemitismus. Wer auf die beiden anderen Antisemitismen, besonders den islamistischen, hinwies, wurde als „islamophob", Apologet der Rechtsextremisten oder gar als Nazi diffamiert.

Sicherheit nicht nur für die Juden, für alle Bürger ist die Pflicht des Staates und nicht der Bürger. Wie seine Vorgänger lenkt daher Kanzler Scholz wie viele andere Politiker von dieser staatlichen Bringschuld ab, wenn er an die Zivilcourage der Bürger appelliert. Ist ihm bewusst, dass er als Personifizierung des staatlichen Gewaltmonopols ebendieses aushöhlt und, wie jüngste Beispiele zeigen, projüdische Zivilcourage lebensgefährlich sein kann?

Kein Zweifel: Der Antisemitismus der deutschen Nationalsozialisten war ein Eigengewächs. Der alt- und neubundesdeutsche Antisemitismus ist in seiner israelpolitischen Verflechtung sowohl innenpolitisch gewachsen als auch importiert. Gerne wird, sozusagen à la carte, nur der eine oder andere erwähnt. Betrachten wir kurz beide. Ich erwähne zuerst einige Beispiele für den hausgemachten und dann für den weitgehend aus der islamischen Welt importierten Antisemitismus. Bücher könnte man mit weiteren Beispielen füllen. Nicht zuletzt aus der DDR. Dank dem 9. November 1989 gibt es sie nicht mehr. Ihr antisemitisches Erbe wurde – auch lange nach der Wiedervereinigung – totgeschwiegen.

Bis es, weil für jedermann sichtbar, nicht mehr zu verschweigen war. Dieses rot überpinselte, braune, systemsprengende Erbe wird unsere Demokratie vor weitere Zerreißproben stellen.

Unerwähnt lasse ich unbestreitbare und unumstrittene Belege. Von rechts außen etwa: die Naziära als „Vogelschiss" der deutschen Geschichte oder das „Mahnmal der Schande". Faktenfrei und kontrafaktisch von links außen bis linksliberal: „Israel als kolonialistisches Gebilde des weißen Mannes", obwohl der Jüdische Staat nach dem Holocaust gegen die britische Kolonialmacht erkämpft werden musste.

Zum hausgemachten Antisemitismus:

Seit 1969 wurden Israels Botschafter jahrelang von linken studentischen Schreihälsen konsequent an diversen deutschen Universitäten – „Elite" der Nation? – niedergeschrien und am Reden gehindert. Rationalität? Wissenschaft? Siedlungspolitik als Stein des Anstoßes? Damals gab es im Westjordanland 700 jüdische Siedler, heute 700 000. Das bedeutet: Mit oder ohne Siedler – die Juden sind schuld. Frei nach dem Jerusalemer Patriarchen in Lessings „Nathan der Weise": „Tut nichts, der Jude wird verbrannt!"

Nicht von Außenseitern, Randgruppen, Randpersonen oder der Mitte der Gesellschaft, sondern von der Spitze der Republik sei die Rede.

Bundeskanzler Willy Brandt: einerseits Antifaschist, Widerstandskämpfer. Andererseits: 11. Februar 1970, wörtlich in einer nahoststrategischen Sitzung des engsten Koalitionskreises: Israelpolitik sei fortan „ohne Komplexe" zu führen. Tags zuvor hatten palästinensische Terroristen Passagiere eines El-Al-Fluges von München nach Tel Aviv getötet und verletzt.

Einerseits Israelpolitik „ohne Komplexe", andererseits Brandts zu Recht ikonischer Kniefall am Warschauer-Ghetto-Mahnmal vom 7. Dezember 1970. Doch die höchsten deutschjüdischen Repräsentanten nach Polen mitreisen zu lassen, hatte sich Brandt geweigert. Komplexfrei wurde die Münchner Olympiade nach dem palästinensischen Terror vom 5. September 1972 fortgesetzt. „The games must go on", hatte IOC-Präsident Brundage gefordert. Demselben Mann hatte es Adolf Hitler zu verdanken, dass 1936 die Olympiade in Berlin stattfand – trotz der Judenpolitik seit 1933 und trotz der Nürnberger Rassegesetze von 1935. Im Jom-Kippur-Krieg vom 1973 drohte Israel die Auslöschung. „Ohne Komplexe" verbot die sozialliberale Regierung Brandt-Scheel den USA, Israel mit Waffennachschub aus und über die Bundesrepublik zu versorgen.

Bundeskanzler Helmut Schmidt: einerseits Enkel eines Juden und weiße Weste in brauner Zeit. Andererseits Herbst 1980: Ministerpräsident Begins Israel sei die größte Gefahr für den Weltfrieden. Demselben Begin sowie dem ägyptischen Präsidenten Sadat war kurz davor der Friedensnobelpreis für das Friedensabkommen zwischen Israel und Ägypten verliehen worden. April 1981: Der Kanzler wollte „Hunderte" deutsche Panzer an Israels damaligen Feind Saudi-Arabien verkaufen. Dort sprach er in einem ARD-Interview über Hitlerdeutschlands Verbrechen an namentlich genannten Völkern Europas und fügte bei der Völkernennung ein „et cetera, et cetera" hinzu. Juden blieben namentlich unerwähnt und waren wohl dem „et cetera, et cetera" zuzuordnen. Außerdem behauptete der Kanzler, Deutschland trage durch den Holocaust eine indirekte Schuld am Elend der Palästinenser.

Bundeskanzler Helmut Kohl: einerseits neben und außer Konrad Adenauer wohl *die* Lichtgestalt deutsch-jüdisch-israelischer Beziehungen. Andererseits: Sein zeitweiliger Regierungssprecher Peter Boenisch verkündete 1983 unwidersprochen und ausgerechnet in Saudi-Arabien, bundesdeutsche Politik dürfe nicht länger von Auschwitz überschattet werden.

Bundeskanzler Gerhard Schröder: ein bestenfalls freundliches, ansonsten geradezu demonstratives Desinteresse an Deutsch-Jüdischem und erst recht Deutsch-Israelischem – ohne verbal-mentale Ausrutscher.

Bundeskanzlerin Angela Merkel: ebenfalls eher eine Lichtgestalt deutsch-jüdisch-israelischer Beziehungen. Israels Sicherheit als deutsche „Staatsräson". Andererseits ihre Iranpolitik, die Israels Existenz objektiv bedrohte. 2015 Migrationspolitik – einerseits Signal vorbildlicher Humanität, andererseits durch beispiellose Naivität Import von Inhumanität. Nicht nur gegen Juden. Und gefährdete das Atomabkommen aus dem Jahre 2015 mit Iran nicht etwa Israels Existenz? Ja, sagen fast alle Israelis und Juden.

Bundeskanzler Olaf Scholz: einerseits eines von vielen markig-verbalen Politikerbollwerken gegen Antisemitismus. Andererseits August 2022: Palästinenserpräsident Abbas in Berlin. Vor der Presse beschuldigt er Israel, „50 Holocausts" an den Palästinensern verbrochen zu haben. Der Kanzler stand schweigend daneben. Und das in der Zeit, als in Deutschland und der Welt über die „Stürmer"-ähnlichen Exponate der Kasseler documenta 15 gestritten wurde und die Regierung Scholz deshalb ohnehin mit geschichtsethischen Problemen konfrontiert war. Des Kanzlers Parteifreund, unser Außenminister 2017/18, Sigmar Gabriel: Erst nannte er Israel einen Apartheidstaat. Dann Bedauern. Aber, weil amtlich abgesegnet, wirksam in der Welt.

Um Missverständnisse zu vermeiden, stelle ich klar: Keiner der genannten Akteure, keines der Beispiele führte zum neuerlichen Judenhass in Deutschland und damit zur Brücke vom 9. November 1938 zum 7. Oktober 2023 und den Folgen. Doch sie alle waren Etappen der Radikalisierung, der Enthemmung, Gewöhnung und „Normalisierung" eines neuen Judenhasses. Ein Ignorant, wer meint, dass solche Signale in der Bevölkerung unbeachtet und folgenlos bleiben, zumal Amtsträger trotz allem selbst bei Antiautoritären à la carte als Autoritäten gelten. Umfragen bestätigen den Befund: Seit rund 40 Jahren zählt Israel neben Nordkorea in der deutschen Öffentlichkeit zu den weltweit unbeliebtesten Staaten. Dieser Output ist bei diesem hausgemachten Input kein Wunder.

Zum importierten Antisemitismus:
Seit 1933 und noch schlimmer von 1938 bis 1945 waren die antijüdischen Täter in Deutschland nur einheimische Deutsche. Anders als bisher die amtlichen Statistiken beweisen seit Jahren repräsentative Befragungen von Juden, die in Deutschland und Europa von verbaler oder körperlicher Gewalt betroffen waren: Bei Weitem die meisten Täter kamen erstens aus dem muslimischen Milieu, zweitens aus dem linksextremistischen und erst drittens aus dem rechtsextremistischen. Mitte Oktober dieses Jahres erklärte das Bundesministerium des Innern, in Wortzucker verpackt: Die Statistik sei bislang mehr kosmetisch als realistisch gewesen.

Das bedeutet: Aus moralisch-migrationspolitischen Motiven wurde das Problem totgeschwiegen. Nichts hören, nichts sehen, nichts sagen. Ja, Deutschland hat (nachträglich!) die Gefahren aus der Vergangenheit *er-*

kannt – und dabei die Gegenwart *ver*kannt. Mit falschen Diagnosen keine Therapie.

Weil folgenlos, wurde muslimischer Judenhass ermutigt, die allgemeine Bevölkerung frustriert, und immer mehr Menschen tendieren zu Anti-System-Akteuren von rechts und links außen. Wird die bundesdeutsche Demokratie wie einst die Weimarer zerfressen, ganz demokratisch vom linken und vom rechten Rand?

Seit den späten 1960er Jahren sind Deutschland und Westeuropa Nebenschauplätze der Nahostkonflikte, besonders des arabisch-iranisch-israelischen. Vom islamistischen Terror gefährdet sind dabei alle, doch Juden ganz besonders, im Prinzip alle Juden. Das bedeutet: Gegenwärtiges deutsches Gedenken an Diskriminierung und Liquidierung von Juden ist ohne die muslimische Dimension nicht mehr denkbar. Das gilt erst recht – obwohl nicht nur in Deutschland willentlich ignoriert oder dementiert – für die historische und theologische Dimension.

Zur theologischen Dimension: Im Koran, Sure 5, Vers 60, sowie in der mündlichen Überlieferung, der Sunna, ist der Hass auf das Judentum unbestreitbar. Juden als Affen und Schweine! Ich verzichte auf weitere Belege. Es gibt sie zuhauf, trotz deutlich sanfterer Aussagen. Wer das bestreitet, kennt die Materie nicht.

Bei der *historischen Dimension* verbinde ich die historisch-politische Makro- mit der familiären Mikroebene.

Wie die Wolffsohns konnte meine mütterliche Familie Saalheimer im März 1939, also im letzten Augenblick, Hitlers Deutschland entkommen. Mein Berliner Großvater Karl Wolffsohn war von August 1938 bis Februar 1939 in sogenannter Schutzhaft der Gestapo. In der Pogromnacht 1938 war er tatsächlich vor dem Mob sozusagen „geschützt" – ausgerechnet von der mörderischen Gestapo. Mein Bamberger Großvater Justus Saalheimer wurde am 9. November 1938 in seinem Heim überfallen, geschlagen, nur mit Unterhosen bekleidet aus der Wohnung gezerrt und dann ins KZ Dachau verschleppt. Es folgte die zwingend an die Ausreise aus Deutschland verknüpfte Freilassung beider Großväter. Unter Zurücklassung ihres gesamten Vermögens. Versteht sich. Flucht nach Britisch-Palästina. Dort tobte vom April 1936 bis zum April 1939 der „Arabische Aufstand", sprich: der Krieg der Palästinenser gegen die britische Mandatsmacht sowie vor allem gegen die Juden in Palästina. Ihr Anführer war Amin al-Husseini, seines Zeichens Großmufti von Jerusalem. Er war geistlicher und zugleich politischer Führer der Palästinenser. Heute würde man ihn einen Islamistenführer nennen.

Die Saalheimers wohnten in unmittelbarer Nähe von Sarona, einer Siedlung der aus Württemberg stammenden pietistischen Templer. Keine angenehme Nachbarschaft, denn 17 Prozent der damals in Palästina lebenden Templer waren NSDAP-Mitglieder. Nicht nur sie, fast alle Templer unterstützten die Palästinenser im Kampf gegen Juden und Briten. Beide hielten Juden und Briten für ihre Feinde.

Unmittelbar nach ihrer Ankunft in Britisch-Palästina donnerten täglich Bomben auf die Saalheimers und ihre Tel Aviver Nachbarn. Wie für alle Juden in Zion bedeutete auch für die Saalheimers Flucht nicht automatisch Sicherheit. Seit dem 7. Oktober 2023 weiß, wer wissen will: Noch immer ist das Leben der Juden Israels Existenz auf Widerruf.

Die Rolle von Jerusalems Großmufti, dem Palästinenserführer Amin al-Husseini, habe ich erwähnt. Ergänzt sei, dass er im Mai 1941 mit anderen Nationalisten und Islamisten einen prodeutschen Aufstand gegen die in Palästina stationierten Briten anzettelte. Auf die vielen anderen historischen Belege für die enge Partnerschaft von arabischen und islamischen Akteuren mit NS-Deutschland und -Deutschen bis und lange nach dem Holocaust sei hier verzichtet. Vergessen sollten wir auch nicht die illegale Partnerschaft deutscher Firmen bei der Fastvollendung der Atombombe von Iraks Diktator Saddam Hussein. Den atomaren Holocaust des Jüdischen Staates verhinderten am 6. Juni 1981 israelische Bomber. Sie zerstörten den Atommeiler bei Bagdad. Bonn gab sich „betroffen und bestürzt". Die illegale Giftgasproduktion deutscher Firmen für den Irak in den folgenden 20 Jahren zu verhindern, gelang selbst der israelfreundlichen Helmut-Kohl-Regierung zunächst nicht. Das schaffte sie erst, nachdem 42 irakische Raketen im Januar und Februar 2001 in Israel eingeschlagen waren.

Zur Aufarbeitung der deutschen NS-Geschichte gehört also auch die Kollaboration von Muslimen. Eine solche Aufarbeitung bedeutet keine antiislamische Provokation, sondern eine notwendige Reflexion über eine, wohlgemerkt, *gemeinsame* Aktion. Die bisher in und von Deutschland als rein einheimisch deutsch praktizierte Aufarbeitung der NS-Zeit führt zwangsläufig bei unseren muslimischen Bürgern zu dieser Wahrnehmung: „Geht mich nichts an. Müssen und sollen die Nachfahren der Altdeutschen unter sich ausmachen." Eben nicht. Und gerade dieses „Eben nicht" kann, wenn gemeinsam angepackt, ein gemeinsames Bewusstsein schaffen.

Zur historisch-politischen Dimension arabisch-deutscher Kooperation gehört ebenfalls die Kollaboration der RAF und anderer deutscher Linksterroristen (sowie der Schar ihrer Sympathisanten) mit dem palästinensisch-arabischen und internationalen Terrorismus. Ein geplanter und gottlob missglückter, von den meisten längst vergessener deutsch-palästinensischer Terrorakt führt zum 9. November 1969. Damals versuchten die „Tupamaros Westberlin" ein Bombenattentat auf Heinz Galinski, den damaligen Vorsitzenden der Jüdischen Gemeinde zu Berlin. Es war der erste sichtbare Hassbeweis des deutschen Linksterrorismus und -extremismus gegen Juden und, ja, Israel. Sagt jemand, dass Linksextremisten oder sowjetorientierte Linke gegen Judenhass immun wären? Wenn ja, sei an die judenmörderische Politik Stalins erinnert; an die zu zahlreichen Hinrichtungen führenden antijüdischen Schauprozesse im Ostblock, auch in der DDR; an die enge Zusammenarbeit der DDR mit palästinensischen und anderen arabischen Terroristen.

Trotz allem und nach allem im „Dritten Reich" sowie danach: Diese Bundesrepublik ist für mich ein gutes Deutschland, obwohl, neben anderen Defiziten, von einer Willkommenskultur gegenüber den wenigen deutschjüdischen Rückkehrern nach 1945 keine Rede sein konnte. Das erfuhr zum Beispiel der hessische Generalstaatsanwalt Fritz Bauer, das erfuhr Richard Kornitzer, faktenbezogen, fiktional verdichtet, in Ursula Krechels Roman „Landgericht", und seit 1949 auch mein Großvater Karl Wolffsohn. Abgesehen von einer Ausnahme scheiterte er mit all seinen Rückgabe- und Entschädigungsbemühungen seinerzeit an der bundesdeutsch-braunen Justiz und starb, wörtlich, an gebrochenem Herzen. Meinem 1954 zurückgekehrten Vater erging es ähnlich. Er wurde schließlich depressiv. Nach zwölf Prozessjahren verfügte der Bundesgerichtshof 1962, dass Max Wolffsohn der Dresdner Bank eine Ehrenerklärung zukommen lassen müsse. Sie hätte bei der „Arisierung" der seinerzeit weltberühmten Varietés „Scala" und „Plaza", deren Mitbegründer und Miteigentümer Karl Wolffsohn gewesen war, nicht aus politischen, sprich: antisemitischen Motiven heraus gehandelt. Außerdem wurde mein Vater wegen „Rufmordes" zu einer Strafzahlung von 30 000 DM an das Finanzinstitut verurteilt, und 1965 erlebte mein Vater die quasi zweite Arisierung des familiären Anwesens am Zehlendorfer Stölpchensee.

Wie unterschiedlich individuelle Erfahrungen mitunter sind, zeigt der erste Besuch meiner mütterlichen Großeltern in Bamberg 1951. Bei ihrer einstigen Pelzhändlerin wollten sie einfach so vorbeischauen. „Einen Moment, Frau Saalheimer", sagte die mittelalte Dame und ging nach hinten. „Diesen Pelz haben Sie nicht abgeholt, bevor Sie nach Palästina flohen." Längst hatten meine Großeltern das wertvolle Stück vergessen.

Zum anderen: Als sie an ihrer vormaligen Wohnung klingelten, rief die Nachmieterin nach hinten: „Jesses, die Juden sind wieder da!"

Einerseits – andererseits: Wer die hier nur skizzierten Fakten kennt, kann nicht überrascht sein, dass sowohl in Deutschland als auch in Europa 85 Jahre nach der Pogromnacht und den folgenden millionenfachen Judenmorden die Schonzeit für uns Juden definitiv vorbei ist. Dennoch: Unsere Bundesrepublik ist das beste Deutschland, das es je gab.

Wie lange noch? Es kriselt gewaltig. Und wenn es so weitergeht, gehen nicht nur viele tausend Juden Frankreichs oder neuerdings der USA weg, sondern auch die Juden Deutschlands. Wohin? Wo gibt es jüdische Existenz ohne Widerruf?

Die Jüdische Weltgeschichte zeigt: Wo und wenn es Juden gut geht, geht es dem Land gut. Deutschland hatte bis 1933 die Wahl. Es entschied falsch, und es erging ihm schlecht. Es hatte ab 1949 wieder die Wahl – und entschied richtig. Deutschland ging es bestens. Heute steht Deutschland wieder vor der Wahl. Wie wird es entscheiden? So wie die zahlreichen echten Freunde, die Juden und Israel in Deutschland haben? Hoffen wir es.

Was tun?
Von Wut, Empörung
und Resignation
zum Denken und
zum Handeln

Ein sympathischer Tor, wer meint, der Antisemitismus wäre zu überwinden. Er hat sich seit rund 3000 Jahren als Instrument der verschiedensten Antisemiten weltweit „bewährt". Am Anfang, vor 3000 Jahren, hatte er durchaus rationale Ursachen. Das antike Judentum war eine Variante des altägyptischen Echnaton-Monotheismus aus dem 14. Jahrhundert vor Christus. (Echnaton war der Ehemann-Pharao der wunderschönen Nofretete, die nicht nur Berliner Museumsbesucher kennen.) Dieser Ein-Gott-Glaube wurde bereits kurz danach in einer ägyptisch polytheistischen Gegenrevolution überwunden. Jegliches Andenken oder jede Variante jenes Monotheismus wurde bekämpft. Rational. Um sich als eigenständige Religion zu etablieren, grenzte sich das frühe Christentum durchaus polemisch vom Judentum ab. Rational, denn zu „beweisen" war die Notwendigkeit des Neuen. Das gleiche Muster im frühen Islam.

Um die Notwendigkeit des Neuen zu beweisen, war Abgrenzung unverzichtbar. Vom Judentum und Christentum. Der hochmittelalterliche Antijudaismus der katholischen Kirche nahm die frühchristliche Polemik seit dem ersten Kreuzzug 1096 wieder auf, intensivierte ihn seit dem Vierten Laterankonzil von 1215 und benutzte sie auch, um Antijudaismus auch als politisch-ökonomische Waffen gegen die weltlichen Fürsten, Könige und Kaiser einzusetzen.

Seit dem frühen 19. Jahrhundert entfielen zumindest viele rechtliche Schranken, die den Aufstieg der Juden Europas verhinderten. Dank ihrer rund 2500-jährigen Bildungstradition rauschten viele Juden – trotz erheblicher Hindernisse, die ihnen überall und immer in den Weg gelegt wurden – in ihrer Karriere an vielen Nichtjuden vorbei. Das erweckte Ängste und Neid. Der mörderische Rest ist bekannt. Er kulminierte in den Jahren 1933 bis 1945 und schwappte auf außereuropäische Regionen über. Nicht zuletzt in Richtung Nahost. Der Antizionismus wirkte als zusätzlicher Katalysator. Er konnte und kann dabei auf die traditionelle Judenfeindschaft des frühen Islam zurückgreifen.

Was ist also zu tun, um den Antisemitismus wenn nicht zu überwinden, so doch wenigstens einzudämmen?

Toleranz, gar Akzeptanz der Juden (und Israels) als Juden bzw. Israel ist ein frommer Wunsch. Leider unrealistisch. Gewiss, man soll nicht „die Flinte ins Korn werfen", aber ... Sehr wohl erwarten und fordern kann man funktionale Toleranz. Sie kommt allen zugute, weil sie – ohne Liebe – einander nebeneinander und miteinander (über)leben lässt. Zum wechselseitigen Vorteil. Pseudogebildet nennt man das eine „Win-win-Situation". Schöner heißt es: „Leben und leben lassen", auch wenn einem der Lebensstil des je Anderen nicht behagt. Diese funktionale Toleranz ist alles andere als perfekt, doch sie ist vor allem nicht tödlich. Wie im Straßenverkehr. Ich muss meinen Nächsten nicht lieben, ich kann ihn (aus meinem geschlossenen Auto) mit Schimpfworten überhäufen, ohne dass er meine Flüche hört. Er schießt nicht auf mich und ich nicht auf ihn, und der Straßenverkehr fließt. Wir mögen uns nicht, was auch unsere Körper- und „Autosprache" signalisiert, aber wir beide halten an der Ampel bei Rot. Regelbrüche werden bestraft. Unabhängig von Herkunft und „kulturellem Hintergrund".

Funktionale Toleranz entspricht nicht dem Toleranzideal, ist jedoch weitaus besser als gar keine Toleranz. Man sollte sich realistischerweise mit der funktionalen Toleranz begnügen, denn kein Ideal ist je erreichbar.

Die Tradition islamisch-funktionaler Toleranz gegenüber Christen und besonders Juden zerbrach im späten 18. Jahrhundert, also rund 100 Jahre vor Gründung des Zionismus. Dieses Faktum ist von großer tages- und geschichtspolitischer Bedeutung, denn heutige Islam- und Islamismus-Apologeten verbreiten die Irrlehre, dass der gegenwärtige Antiisraelismus bzw. Antizionismus von Muslimen – sofern überhaupt vorhanden (...) – ein Überschwappeffekt des israelisch-palästinensischen Konfliktes wäre. Ich sage: „wäre" und nicht „ist". Womit wir bei der Theologie wären, also den religiösen Wurzeln des Antijudaismus im Islam.

Der israelisch-palästinensische Konflikt ist für den heutigen Antijudaismus und Antiisraelismus alles andere als unbedeutend. Er ist deren Brandbeschleuniger, aber eben nicht deren Ursache. Dass sich der islamische Antijudaismus jenseits der jüdischen Israelis auch gegen Juden außerhalb Israels richtet, hat durchaus seine innere Logik. Die, ja, „die" Juden werden (nicht nur von militanten Muslimen, sondern, so hört man, auch von manch „braven" Christenmenschen) sozusagen als „Fünfte Kolonne" Israels wahrgenommen. Wahrgenommen, wobei wir wissen, dass Wahrnehmung und Wirklichkeit zweierlei sind.

Sicherheit nach innen (auch, versteht sich, nach außen) muss erwartet und gefordert werden. Nicht nur für Juden, sondern für alle Staatsbürger. Natürlich auch für muslimische. Für Juden, Muslime und andere Minderheiten sollen keine „Extrawürste" gebraten werden. Sie sind Bürger wie alle anderen. Doch weder Juden noch Muslime oder die allgemeine Bevölkerung fühlt sich heute in Deutschland sicher. Mit Ausnahme – muss ich mich entschuldigen, wenn ich diese Tatsache nenne? – Münchens (keine Sorge, denn Grün und Rot regieren dort) und Bayerns (Sorge, weil dort CSU und Freie Wähler regieren?). Die subjektiv gefühlte und objektiv unzureichende öffentliche Sicherheit in Deutschland ist ein allgemeines Problem, kein allein auf Juden und Muslime bezogenes. Solange, wie bislang, aufgrund sicherheitspolitischer Unfähigkeit und Unwilligkeit die allgemeine innere Sicherheit in Deutschland nicht gewährleistet ist, bleibt die Sicherheit von Juden und anderen Minderheiten unzureichend.

Der Wesenskern von Regeln ist „in der Regel" zivilisatorisch. Das heißt: Er soll den Menschen vor dem Menschen schützen. Das bedeutet wahrlich nicht, dass man in jedem Menschen einen „Wolf" sieht. Es bedeutet aber, dass man, realistisch, annimmt: Nicht jeder Mensch ist ein „Lamm". Es gibt solche und andere, und das Lamm muss eher geschützt werden als der Wolf, der wiederum natürlich nicht „zum Abschuss" freizugeben ist. Zwischen Schutz und Abschuss gibt es bekanntlich diverse Zwischenstufen.

Das bedeutet: Liberalität und Wehrhaftigkeit schließen einander nicht aus. Wer meint, dass „mehr Polizei" in Deutschland „schon wieder" Polizeistaat bedeute, irrt. Irrt total.

Das Gewaltmonopol gehört dem und zum Staat und nicht einzelnen Gruppen. Unabhängig vom Thema Juden, Israel, Muslime: Es kriselt, wo und wenn es nicht besteht, wenn nicht „nur" Juden oder Muslime attackiert werden. Wenn „die" Politik Sicherheitspolitik vernachlässigt, hilft keine Phrase wie „Für Antisemitismus oder Islamfeindschaft gibt es keinen Platz in Deutschland." Es gibt. Handelt und drescht keine Phrasen!

Wer dem Zerrbild vom Juden „volkspädagogisch" das Idealbild eines „Nathan der Weise" entgegensetzt, wird scheitern. Notwendig ist, wie von jedem Menschen, das Realbild vom Juden. Kein Mensch und natürlich auch kein Jude entspricht dem Ideal eines Menschen. So herzerwärmend idealistisch die Lessing'sche Botschaft im „Nathan", so unrealistisch und daher wenig hilfreich ist sie.

Bildung im Sinne von Wissenssammlung bzw. Wissensakkumulation ist ein sowohl persönlicher als auch der Allgemeinheit dienlicher Wert. Wer jedoch von Bildung mehr Toleranz erwartet, erliegt einer ahistorischen Illusion bzw. einem frommen und sympathischen, doch eher wirkungslosen Wunsch. Herzensbildung ist kein Schul- oder Universitätsfach.

Manche empfehlen ein Schulfach „Holocaust". Soll man dabei etwa Holocaust lernen? Gemeint ist Anti-Holocaustismus. Den lernt man nicht, der ist selbstverständlich, wenn ein ganz einfaches Gebot befolgt und, wenn nicht befolgt, hart bestraft wird. „Du sollst nicht morden." Übrigens ist dieses Gebot mehr als 2500 Jahre in der Welt und in dieser würzigen Kürze wirklich eine „jüdische Erfindung".

Andere empfehlen Pflichtbesuche von Schülern in KZ-Gedenkstätten. Ebenfalls gut gemeint, doch Lichtjahre von Schülermentalitäten entfernt. Die Jugendlichen fühlen sich dabei oft, das Wortbild sei mir verziehen, „auf den Topf gesetzt", wobei von ihnen erwartet wird: „Nun bereut, schämt euch mal schön, dann denkt und sagt: ‚Nie wieder!'" Aus Daffke werden die meisten Schüler „Pustekuchen" sagen und gehen danach fröhlich einen Burger essen.

Phrasendrescherei und Gedenkrituale entfremden die Zuhörer. Sie verschließen Herz und Verstand. Sie sind kontraproduktiv, weil inflationär und vorhersehbar. Langeweile schafft keine Sympathie.

Apropos Bildung. Um zu wissen, wie und weshalb es eine trotz aller Hindernisse so überaus erfolgreiche jüdische Bildungstradition gibt, muss man keine Geheimfächer oder teure Coaches suchen. Vor circa 2000 Jahren gab Rabbi Hillel, von dem Jesus stark beeinflusst war, einem, der es erfahren wollte, diesen Rat: „Geh und lerne."

Diese Botschaft nach Veröffentlichung der Pisa-Studie vom Dezember 2023 zu vermitteln, dürfte schwerfallen, denn „Deutschland wird bunter und dümmer" (*NZZ*, 6.12.2023). Offenbar nicht nur Deutschland, sondern viele Länder unserer Welt. Das dokumentiert jene Pisa-Studie ebenfalls. Das wiederum könnte eine zusätzliche Erklärung für den gewachsenen und wachsenden Antisemitismus sein. Wer die Jüdische Weltgeschichte in ihrem nichtjüdischen Zusammenhang kennt, weiß: Wenn es den Juden eines Staates gut geht, geht es dem Staat gut. Und umgekehrt. Für Belege und Beschreibungen verweise ich auf mein Buch „Eine andere Jüdische Weltgeschichte". Diese empirische Erkenntnis ist zugleich das feste, zuverlässige Fundament der funktionalen Toleranz. Sie ist deshalb wirksam, weil sie den moralisch schwächsten Punkt im Menschen erreicht: seinen puren Materialismus. „Erst kommt das Fressen, dann die Moral." Und wenn es genug zu fressen gibt und der Bauch voll ist, wird der Mensch friedlich. Daraus folgt: Antisemitismus ist nicht nur moralisch verwerflich, er ist eine Dummheit. Und daraus folgt wiederum: Auch gebildete Antisemiten sind dumm, denn Bildung schützt vor Dummheit nicht.

Sympathisch, doch unrealistisch: Um außer Worten auch Taten „gegen Antisemitismus" an deutschen Universitäten zu zeigen (und nicht nur um die wortstrapazierten „Zeichen zu setzen"), beschlossen die für Hochschulbildung zuständigen deutschen Minister aus Bund und Ländern im Dezember 2023 den Ausbau von Israel-, Antisemitismus- und Judaistikstudien. Es wäre nicht das erste Mal, dass gesammeltes Wissen gegen das Wissensobjekt gerichtet würde. Aber vielleicht dachten jene es mit den Juden und Israel gut meinenden Minister an die zuverlässige und nachweisbare Wirkung der Islamstudien im In- und Ausland? Deren Absolventen und Dozenten sind – Ausnahmen bestätigen die Regel – die besten Rechtfertiger antijüdischer und antiisraelischer Politik und Propaganda. Anders als der ein Medikament preisende Werbefernsehen-Schauspieler im Scheinautorität und -kompetenz schaffenden weißen Arztkittel brauchen die Professoren-Doktoren jener Wissenschaft dank ihrem Titel keinen Kittelfirlefanz. Ihnen glaubt man ohne jegliche Maskerade.

Wie wenig **Antisemitismusforschung** in der gesellschaftlichen Praxis bewirkt, lässt sich am gleichnamigen Institut der Technischen Universität Berlin nachvollziehen. Der erste Lehrstuhlinhaber war – welch wunderbares Signal – ein deutschjüdischer Remigrant aus den USA. Wissenschaftlich eher medioker, doch darauf kam es dem Berliner Senat seinerzeit nicht an. Die Biografie des Remigranten war Inhalt genug. Das gefiel der Politik und dem Remigranten, der gern hofiert wurde, sich ebenso gern hofieren ließ und als herausragender Anti-Antisemitismus-Kaiser in Politik, Gesellschaft und Academia Hof hielt. Sein Nachfolger hatte meines Wissens vor seiner Berufung über Nationalsozialismus und NS-Staat, also über Juden als Objekt der Geschichte, geforscht, doch nicht über Judentum und jüdische Geschichte oder Juden als Subjekt der Geschichte. Sein bedeutendster Beitrag zur Antisemitismusforschung bestand darin, dass er die muslimischen Diaspora-Minderheiten von heute mit der jüdischen Diaspora-Minderheit von damals gleichsetzte, also damals Judenfeindschaft, heute „Islamophobie". Juden – zu deren Sicherheit, Toleranz und Akzeptanz Antisemitismusforschung eigentlich dienen soll – zeigten sich (undankbar?) wenig beglückt über diese Neuerung. Auch mit seiner Nachfolgerin tat sich die deutschjüdische Gemeinschaft, sagen wir, eher schwer. Skandal- und possenfrei hat sich der Lehrstuhl für Jüdische Geschichte und Kultur an der Ludwig-Maximilians-Universität München etabliert und in die Routine des Wissenschaftsbetriebs, also seiner Mikrowelt, integriert. Ist es nicht niederschmetternd, dass die so noble Absicht, dem Antisemitismus durch diesbezügliche und andere judenbezogene Studien gegenzusteuern, so wenig erreicht hat? Das wiederum liegt nicht in erster Linie an faktischen oder etwaigen Defiziten der Lehrstuhlinhaber, sondern an der politisch-gesellschaftlichen Entwicklung in unserem Land.

Wo und wie ist selbst auf der lokalpolitischen Makroebene ein Anti-Antisemitismus-Erfolg messbar? An der
Tatsache, dass im Oktober–Dezember 2023 selbst nach
der Mordorgie der Hamas zu propalästinensischen Demonstrationen deutlich mehr Menschen, vor allem junge, strömten als zu Pro-Israel-Kundgebungen tröpfelten?
Dabei genossen diese die sichtbare Unterstützung der
kommunalen Politik, etwa am 22. Oktober 2023 bei der
Pro-Israel-Kundgebung am Brandenburger Tor in Berlin.

Daraus folgt: Die Teilnahme der politischen Pro-
minenz, des „Establishments", ist kein Garant für die
(Um-)Erziehung der Massen.

Machen wir uns außerdem nichts vor: Deutschlands
Bildungslandschaft ist, siehe Pisa-Studie 2023, so de-
solat, dass zum funktionalen Überleben des Landes
Deutsch- und Mathematikkenntnisse sowie die Aus-
bildung in naturwissenschaftlichen Fächern, sagen wir,
mindestens so (ge)wichtig sind wie, bei aller unbestreitbaren Bedeutung, Israel, Judaistik und Antisemitismus.
Lassen wir die Kirche und Synagoge im Dorf.

Auf eine zusätzliche, ebenfalls sehr sympathisch-naive,
typisch technokratisch bürokratische Anti-Antisemitis-
mus-Idee griff die Runde der Bildungsminister zurück:
den **„Antisemitismusbeauftragten"**. Die Universitäten mögen eine solche Stelle einführen und eine verant-
wortliche Person ernennen.

Die wenigen mir persönlich bekannten „Antisemitismusbeauftragte", allen voran der Bundesbeauftragte und Diplomat Felix Klein sowie sein Berliner Kollege, der Soziologe Samuel Salzborn, oder Bayerns rühriger Mann fürs Judentum, Ludwig Spaenle, sind allesamt höchst bemüht, aber leider wenig erfolgreich – wenn man die Entwicklungen auf der nationalen und internationalen Ebene begutachtet. Freilich kann man zu Recht einwenden, dass sie im Mikrobereich dem einen oder anderen helfen sowie hier und da Unerfreuliches verhindern konnten, am Gesamtbild auf der Makroebene ist alles – trotz ihrer unbestreitbaren Bemühungen und Verdienste – schlimmer geworden. Oder kann man zum Beispiel die Studie zu eher unwürdigen, weil antisemitischen Namensgebern Berliner Straßen als wirklich bedeutsamen Beitrag zur Bekämpfung des Antisemitismus bezeichnen? Wie ernst kann man die daraus abgeleiteten Empfehlungen nehmen, wenn sogar ein nachweislicher Nicht-Antisemit wie Konrad Adenauer auf jener Liste der eher Unwürdigen steht? Ist das zudem die Hauptsorge im Kampf gegen Antisemitismus?

Unabhängig von Bildung oder Unbildung: Fakten sind Fakten. Sind Fakten. Diese zu finden, darzustellen und zu benennen, ist die vornehmste Pflicht von Wissenschaft und Medien. Die Meinung der einzelnen Wissenschaftler und Journalisten ist frei wie die aller anderen. Sie irren, wenn sie meinen, jeder wolle ihre

Meinung erfahren. Mehr Pflichterfüllung und weniger Meinung bitte. Also Fakten, Fakten, Fakten. Diese erklären, nicht moralisch belehren.

Unabhängig davon, ob man jüdisch oder christlich oder anders religiös fühlt und denkt: Sowohl Judentum als auch Christentum, ebenso die deutsche Literatur-Klassik vermitteln diese Botschaft: Die „schöne Seele" siegt. Das Gute bzw. Ethische, Moralische mag im Hier und Heute untergehen, langfristig obsiegt es. Der Klassiker schlechthin: erst Jesu erbärmlicher Kreuzestod, dann Auferstehung, weltlich verstanden als: Aufstieg von der Niederlage zum Sieg. Nicht „Heil Hitler" heilte Deutschland und die Deutschen, sondern das ethische Fundament der von ihm und seinesgleichen bekämpften westlichen Zivilisation und Kultur.

Ist das ein Gegensatz zu „Erst kommt das Fressen, dann die Moral"? Nein, denn das Fressen betrifft die „Moral" im Heute, die Ethik als solche das Morgen und Übermorgen, das dauerhaft Gültige und Leitende, kurz: das Ideal. Das Ideal hängt nicht vom Fressen ab, es „hängt in den Sternen". Um ins ethisch gute, ideale Morgen und Übermorgen zu gelangen, gilt es jedoch, erst einmal das Heute zu (über)leben.

Demonstrationen sind ein unveräußerliches demokratisches Grundrecht. Der Unterschied zwischen

Demonstrieren und Randalieren ist inzwischen weitgehend verwischt. Wenn jubelnd gemeldet wird, dass eine „Demonstration friedlich verlief", wird diese Aussage bestätigt, weil die Friedlichkeit offensichtlich als Ausnahme hervorgehoben.

Projüdische und proisraelische Demonstrationen sind gut gemeint. Bereits optisch, die dramatisch unterschiedliche Zahl der Teilnehmer dokumentiert: Den Wettbewerb der Massen verlieren Juden- und Israelfreunde von vornherein. Wenn man keine Massen hat, spielt man nicht Massen. Wer dies im wohlmeinenden Eifer nicht wahrnimmt, dokumentiert die Schwäche der eigenen Anhängerschaft. In Demokratie zählen Massen – als Wähler. Das bedeutet: Nicht nur demografisch, auch demokratisch wird das politische Gewicht der Juden- und Israelfreunde weiter sinken.

Differenzierung tut not:

- Nicht jeder, der rechts von der Mitte steht, ist ein Rechtsextremist, und selbst Deutschnationale sind, heute wie gestern, keine Nazis. Sie und wir müssen aber höllisch darauf achten, dass sie nicht, wie einst Hugenberg & Co. von der Deutschnationalen Volkspartei (DNVP), die nützlichen Idioten und Steigbügelhalter der Nazis werden.
- Bei Weitem die meisten Israelis sind Juden, doch bei Weitem die meisten Diasporajuden sind keine Israe-

lis, wenngleich etwa zehn Prozent der Pass-Israelis in der freiwilligen Diaspora leben.

– Rund 20 000, vornehmlich junge und eher linke sowie linksliberale Israelis sind in den letzten Jahrzehnten nach Deutschland, besonders nach Berlin und dort nicht wenige – ausgerechnet – nach Neukölln gepilgert. Verzweifelt von der Unmöglichkeit, in Nahost den Nahostfrieden zu verwirklichen, meinten und hofften sie, diesen mit den „Berliner Palästinensern" schließen zu können. Ironie der Geschichte: ausgerechnet in der ehemaligen Reichshauptstadt, der „Endlösungszentrale", nun Bundeshauptstadt. Ausgerechnet, aus nahöstlich-geografischer Sicht, „um die Ecke" der Speer'schen Reichskanzlei, wo der „Führer" im November 1941 den geistlichen und weltlichen Anführer der Palästinenser empfangen hatte. Fast zeitgleich war damals der Mordreigen in Auschwitz „eröffnet" worden. Selbst den jüdisch-israelischen und berlinisch-palästinensischen Mikrokollektiven von Berlin-Neukölln gelang nicht der lokale Brückenschlag zum zweiseitigen Frieden. Das auszusprechen, sei fern von Häme. Es ist Resignation, Trauer, Wut.

– Netanjahu ist Ministerpräsident Israels, doch Israel ist nicht Netanjahu. So dominant personalistische Erklärungen sind: Personalismus ist überall und immer methodisch unzulänglich und gehört an den

Stammtisch, nicht in Wissenschaft, Medien oder Politik.
- Wer sich Mitte-links positioniert und dadurch die Eintrittskarte in die europäische Kulturschickeria und Kulturwelt erkauft, sollte darauf achten, nicht zum nützlichen Idioten der Juden- und Israelfeinde gleich welcher Religion und Herkunft zu werden.
- Wer behauptet, man dürfe in Deutschland „keine Israelkritik üben", lebt in Wolkenkuckucksheim und nicht in der Bundesrepublik, liest keine Zeitungen, sieht nicht fern, hört kein Radio oder meidet die (un)sozialen Medien.
- Israelkritik ist Alltag, Antiisraelismus bzw. Antizionismus bestreitet letztlich das Existenzrecht aller Juden, denn Israel ist für den Fall der Fälle die Lebensversicherung der Juden als innenpolitische Minderheit.
- Wenn jemand, wenn es regnet, sagt, dass es regne, und auch die AfD das feststellt, ist dieser jemand nicht automatisch AfD-Wähler, -Mitglied, -Sympathisant oder gar Nazi. Habe den Mut, dich deines eigenen Verstandes zu bedienen. Kant, ein kluger Deutscher, hat jedermann dazu aufgefordert und ermutigt. Wirkliches wird auch nicht unwirklich, wenn es auch der Gegner sagt.
- Wer die exakte Diagnose aus Angst vor der Wirklichkeit verweigert, kann keine erfolgreiche Therapie

einleiten. Egal, wer die Therapie empfiehlt. Konkret: Wenn die AfD eine „andere Migrationspolitik" fordert, wird diese Forderung nicht von vornherein ganz falsch. Sie könnte teilweise richtig sein. Wer sie als Nicht-AfD anwendet, schwächt die AfD und stärkt sie nicht.

– Wer über die Gewaltanwendung bei Krieg, Guerilla (Kleinkrieg) und Terror spricht, und urteilt, sollte erst die Gesetze dieser Gewalt kennen und erst dann urteilen oder verurteilen. Der Guerillero bzw. Partisan missbraucht die eigene Zivilbevölkerung überall und immer als Kanonenfutter. Der Terrorist kennt keine Scheu, auch unbeteiligte Zivilisten zu ermorden.

– Wut, Empörung und Verzweiflung sind keine politische Strategie, sondern Mord und oft Selbstmord.

– Fast alle Israelis sind Juden und nicht alle Diasporajuden Israelis. Dieses „Kleine Einmaleins" sollte jeder kennen.

Die für Deutsche geltenden **Lehren aus der Geschichte** gelten partikular für Deutschland und nicht universal, schon gar nicht für „die" Juden.

Vergleichen wir die wichtigsten „Lehren aus der Geschichte" seitens der Mehrheit von Juden (auch aller deutschen Juden) einerseits und (nichtjüdischen, also fast allen) Deutschen andererseits.

- Jüdisches Leben war, ist und bleibt Existenz auf Widerruf. „Die Hitlers kommen und gehen, das deutsche Volk bleibt." Permanente Lebensgefahr – „die" Deutschen kennen sie nicht, „die" Juden seit 3000 Jahren.

- „Die" Deutschen haben aus der Geschichte gelernt, Gewalt sei als Mittel der Politik nicht legitim. „Die" Juden haben aus derselben Geschichte – auf der anderen Seite stehend – gelernt: Ohne Gewalt, verstanden als Wehr- oder ggf. Angriffsfähigkeit, droht Untergang.

- Die Begriffe „Volk" und „Nation" haben in Deutschland aus historischen und psychologischen Gründen einen bitteren Beigeschmack im Sinne von NS-„Volksgemeinschaft" oder gar Blutsgemeinschaft. Juden verstehen darunter, ebenfalls als Lehre der Geschichte, eine Schutz- und Schicksalsgemeinschaft.

- Gleiches gilt für den Begriff „Staat", für den je eigenen Staat, und für alle seine emotionalen Schwingungen und rationalen Erfahrungen.

- Beim Faktor „Land" bzw. Territorium denkt „der" Deutsche mit Grausen vor allem an „Blut und Boden", „der" Jude und besonders „der" Israeli an Sicherheit vor „Wölfen".

- Religion als Faktor der Politik, gar als gewichtiger Faktor, gilt in Deutschland als reaktionär und aus der Zeit gefallen. In Israel ist der Faktor Faktum – und sehr gewichtig. Zum Leidwesen der Nichtreligiösen im Jüdischen Staat. Doch kann ein „Jüdischer Staat" auf Jüdisches verzichten, und wenn ja, auf wie viel, wenn er jüdisch oder wenigstens der Staat der/von/ für Juden bleiben will? Sollte die Mehrheit der Israelis zum Verzicht auf das (was?) Jüdische ihres Staates bereit sein und die Diasporajuden auf ihre jüdische Lebensversicherung, wäre das Rad der Geschichte zurückgedreht. Dann wären die Juden, alle, als Minderheit wie vor Israels Staatsgründung von der Gnade der nichtjüdischen Mehrheit abhängig. Wollen sie sich das zumuten? Wollen das die Nichtjuden den Juden zumuten? 3000 Jahre Erfahrung sprechen moralisch ebenso wie existenziell dagegen.

Das „Schon wieder!" dieser *Analyse- und Streit- bzw. Empörungsschrift* grenzt sich von dem allgemein in Deutschland zu Hörenden scharf ab. Das deutschlandweit übliche „Schon wieder" unterstellt, dass die Nazis nicht nur „ante portas", vor den Toren (der Macht), stehen, sondern eigentlich schon an der Macht sind. Nach den alten nun die neuen Nazis.

Ich bestreite nicht, dass es die neuen Nazis in den verschiedensten Ausprägungen gibt. Ich bestreite ganz und gar nicht, dass sie für andere Juden und mich mordsgefährlich sind, aber als Wissenschaftler bin ich den Fakten verpflichtet. Die Neualtrechte ist die drittgrößte Gefahr für die Juden. Die zweitgrößte Gefahrenquelle für

Diaspora- und Israeljuden sind die Linken und Linksliberalen, vor allem die vereinigten „Postkolonialisten"
aller Länder. Für sie ist die sechsmillionenfache Juden-
vernichtung eine unbedeutende Auseinandersetzung
innerhalb der „weißen Rasse". Das Megaverbrechen der
Menschheitsgeschichte ist für sie der Kolonialismus
des weißen Mannes, und Israel erscheint als die Speerspitze des Kolonialismus. Seltsamerweise im Zeitalter
der Entkolonialisierung nach dem Zweiten Weltkrieg.
Einmal mehr: Wissen und akademische Titel schützen
nicht vor Lügen und sind kein Zeichen für Klugheit
bzw. Intelligenz. Jene Linken und Linksliberalen sind
die wichtigsten, weil erfolgreichsten Rechtfertiger und
Mitläufer, selten direkte Mittäter der Hauptgefahr.

Die größte Gefahr droht heute und in absehbarer Zukunft den Juden der Diaspora ebenso wie erst recht in
Israel aus der in- und ausländischen islamischen Welt.
Diese Aussage wird in unserer ideologisch überhitzten
und zunehmend irrationalen Welt garantiert von vielen
missverstanden. Sie unterstellen sogleich: Hier würden
„alle Muslime" quasi als potenzielle Judenmörder oder
Israelfeinde benannt. Unsinn, Unsinn, Unsinn, weil
dabei nicht zwischen der Mikro- und der Makroebene
unterschieden wird.

Politik ist ein Steuerungsvorgang. Politiker sind daher
das Gemeinwesen – im Wortbild: das Schiff – durch

Wellen, Wind und Stürme steuernde Personen. Sie erliegen oft dem Irrtum, sie könnten und müssten ihr Gemeinwesen auch erziehen. Das ist, bedenkt man die nachnazistisch-deutsche Zeitgeschichte, ein löbliches Selbstverständnis. Es war – und ist eigentlich jetzt wieder – dringend geboten und notwendig, doch leider unrealistisch.

Leider? Ja und nein. Nein, weil eine solche Erziehung wieder notwendig wäre, weil es bezüglich der Toleranz oder gar Akzeptanz gegenüber Juden und anderen Minderheiten keine gesellschaftliche Grundübereinstimmung bzw. keinen Konsens mehr gibt. Nicht mehr gibt? Gab es ihn jemals? Nein, denn plurale Gesellschaften sind durch Pluralität, also Vielfalt, gekennzeichnet. Vieles kann nicht zugleich Eines sein. Deshalb kann ein Konsens bestenfalls theoretisch gedacht, doch nicht praktisch realisiert werden.

Der nachnazistische, scheinbare bundesdeutsche Toleranzkonsens wurde, dem Druck der westlichen Siegermächte des Zweiten Weltkrieges sei Dank, qua Gesetz verordnet – und (entscheidend!) von Exekutive und Judikative durchgesetzt. Nochmals daher: Erst kam die Macht, dann die Moral, sprich: Toleranz.

Daraus folgt, bezogen auf unser Hier und Heute: Legislative, Exekutive und Judikative sind gegenwärtig nicht in der Lage, ihre eigenen, von der Wählermehrheit gewollten Werte in der Gesellschaft wirksam werden zu lassen. Es sind – kein Zweifel – die Werte der Mitmenschlichkeit und Toleranz. Unsere Gesetzgeber (Legislative, zumindest deren große Mehrheit), unsere Exekutive (die Regierung) und unsere Judikative (Gerichte) wollen diese Werte auftragsgemäß demokratisch um- und durchsetzen. Sie können es nicht.

Ein Grund liegt darin, dass sie sich auf gut gemeinte, doch meistens vergebliche Volkserziehung zur Toleranz kaprizieren, statt sich auf das Machbare, die funktionale Toleranz, zu konzentrieren. Wo und wenn es Gesetzeslücken zur Durchsetzung von Toleranz im Alltag gibt, kann man sie im Parlament schließen. Die Exekutive muss sie mit Hilfe der Polizei durchsetzen. Die Judikative hat auf die Gesetzestreue aller zu achten und, so nicht vorhanden, Rechtsverstöße zu ahnden. Bei Bürgern ebenso wie bei der Exekutive, inklusive Polizei. „Wie das Gesetz es befiehlt". Die Tat ist als Tat zu ahnden, nicht der „kulturelle Kontext", denn jeder Staat ist eine Rechtsraumgemeinschaft. Jeder, der im jeweiligen Staat ist oder hinkommt, weiß darum und hat sich dem zu fügen. Das ist so lange nicht diskriminierend, wie jeder frei (!) wählen kann: bleiben, hin- oder weggehen?

Das Kaprizieren der Politik auf Pädagogik ist nicht selten unfreiwillig komisch, weil für jedermann erkennbar unauthentisch. Besonders dann, wenn Politiker pfäffisch predigen, als ständen sie auf einer Kirchenkanzel. Peinlich, peinlich und – viel schlimmer – vergeblich. Aus Gründen der Höflichkeit und aus Amtsrespekt seien keine Namen genannt.

Unabhängig von der unfreiwilligen und peinlichen Komik der Politikerpädagogik: Die Vorstellung, dass Politiker bzw. „der Staat" das Volk zu erziehen hätten, entstammt einem letztlich undemokratischen Obrigkeitsdenken. Ich jedenfalls möchte mich von keinem Politiker erziehen lassen. Auch nicht von den Politikern, für die ich mich bei Wahlen entscheide. Produkt von und dankbar für meine postnazistische West-Berliner aufklärerische Schulerziehung auf der Walther-Rathenau-Schule nehme ich mir zu Herzen, was wir damals von Kant im Schulbuch (später im Textzusammenhang der *Berlinischen Monatsschrift* von, ja, vor der Französischen Revolution, 1784) gelesen und gelernt haben: „Aufklärung ist" ... den Mut zu haben, sich seines „eigenen Verstandes zu bedienen". Kant war (natürlich) klüger als ich. Er wusste, dass es dafür des Mutes bedarf. Ich war und bin so töricht, es für selbstverständlich zu halten, sich, sofern und so viel vorhanden, des eigenen Verstandes zu bedienen.

Nicht nur nebenbei: Die Benennung von Schulen und Straßen ist kein entscheidendes, aber kein schlechtes Erziehungsmittel. Sie garantiert nicht die Verinnerlichung der Absichten der politisch denkenden Namensgeber, sehr wohl aber die Beschäftigung mit den Fragen: „Wer war das? Was machte er oder sie? Wie finde ich das?" Eine sympathisch unaufdringliche Erziehungs-methode und Anleitung zum selbständigen Abwägen und Denken.

Noch unauthentischer wird Politik, erst recht voll-kommen religionsferne Politik, wenn sie bei Toleranz-appellen aus der Hebräischen Bibel und dem Neuen Testament „Liebe deinen Nächsten wie dich selbst" zi-tiert. Amen. Nichts dagegen, alles dafür, aber total un-authentisch, weil nicht- oder a- oder sogar antireligiös und weil unauthentisch durch meist Ungläubige total unglaubwürdig. Empirisch, wissenschaftlich ist dieses wunderbarste der wunderbaren Ideale nicht zu verwirk-lichen. Jede Gesellschaft ist vielfältig, und jeder liebt an-ders, Andere und Anderes. Zugleich ist und sei die Wür-de des Menschen, jedes Menschenleben, unantastbar.

Weil der einzelne Mensch genau diese Überlebens-notwendigkeit nicht durchsetzen kann, wurde in der Menschheitsgeschichte der Staat ge- und erschaffen. Das ist seine Aufgabe: Schutz der Bürger nach innen und außen durch den Staat. Das Staatsvolk, also wir alle, haben das Recht und die Pflicht, „den Staat" daran zu erinnern, ihn unsererseits dazu zu verpflichten, indem wir den Amtsträgern oder ihren Opponenten bei Wah-len unser Vertrauen oder Misstrauen aussprechen. Wa-rum nicht auch demonstrieren? Gewiss. Aber Randalie-ren ist kein Demonstrieren. Und wirklich wirksam sind Demonstrationen erst, wenn sie von Mehrheiten getragen werden, von der Masse. Da zur Mehrheitsherrschaft der Demokratie untrennbar der Minderheitenschutz gehört, schaden auch kleine Demonstrationen nicht. Mehrheiten schaffen sie nicht.

Ein vielfaches Hoch auf gesellschaftliche Vielfalt. Ein vielfaches Hoch auf das Ideal der Toleranz und der Nächstenliebe. Es ist unerreichbar. Wir müssen uns mit dem real Erreichbaren zufriedengeben, um gesellschaftlichen Frieden zu erreichen und zu erhalten. Funktionale Toleranz ist unverzichtbar. Der Staat muss handeln. Wir dürfen ihn, sprich: sein verantwortliches Personal, nicht aus dieser Pflicht entlassen. Sonst scheitert er schon wieder, wenngleich aus anderen Gründen als damals.

„Nie wieder!"-Rufe sind kein „antifaschistischer Schutzwall" oder „Antisemitismus-Schutzwall". Das deutschlandübliche resignativ-germanozentrische „Schon wieder" lässt sich von einer falschen, weil eindimensionalen, veralteten, am rechtsextremistischen Nationalsozialismus fixierten Diagnose leiten. Falsche Diagnose – Heilung ausgeschlossen.

Das neue „Schon wieder" ist dreidimensional: islamistisch-links-rechtsextremistisch. Der Ruf „Deutschland erwache!" ist, versteht sich, eigentlich absolut inakzeptabel. Die Leser wissen, warum ... Ja,

Nazipropaganda, Dietrich Eckart, 1920. Eigentlich ...
Da jedoch der ganz und gar des NS-Gedanken„gutes"
(besser Gedankenschlechtes) unverdächtige Kurt Tu-
cholsky 1930 einem seiner antifaschistischen Gedichte
diesen Titel gab, wage ich meinen deutschen Landsleuten zuzurufen: Schaut auf unsere Wirklichkeit! Juden-
politisch ist sie ein Albtraum. Nicht „wie einst", aber
schlimm genug. Wacht auf aus euren Wunschträumen,
schaut auf eure vielen, selbstverschuldeten Defizite.
Dann erkennt ihr auch eure Defizite uns Juden gegenüber. Hierzulande und in Israel. Selbsterkenntnis ist
der Anfang jeder Besserung.

Über den Autor

Michael Wolffsohn ist Historiker und Publizist. Der 1947 in Tel Aviv geborene Sohn einer 1939 nach Palästina geflüchteten jüdischen Kaufmannsfamilie aus Deutschland übersiedelte 1954 mit seinen Eltern nach West-Berlin. Nach Wehrdienst in Israel und Studium in Berlin, Tel Aviv und New York lehrte er von 1981 bis 2012 als Professor für Neuere Geschichte an der Universität der Bundeswehr in München. Er hat zahlreiche Bücher, Aufsätze und Fachartikel verfasst und ist publizistisch und als vielbeachteter Vortragsredner tätig. Michael Wolffsohn ist einer der führenden Experten für die Analyse internationaler Politik und nicht zuletzt die Beziehungen zwischen Deutschen und Juden auf staatlicher, politischer, wirtschaftlicher und religiöser Ebene.

Er erbte im Jahr 2000 die von seinem Großvater, dem Verleger und Kinopionier Karl Wolffsohn, gegründete Gartenstadt Atlantic in Berlin, die von 2001 bis 2005 vollständig modernisiert wurde. Ergänzend wurden in der denkmalgeschützten Anlage gemeinnützige, allgemein zugängliche deutsch-jüdisch-muslimische Kultur-, Bildungs- und Integrationsprojekte vorwiegend für Kinder und Jugendliche eingerichtet.

Michael Wolffsohn erhielt zahlreiche Preise und Auszeichnungen, u. a. kürte der Deutsche Hochschulver-

band ihn 2017 zum Hochschullehrer des Jahres; 2018
Franz-Werfel-Menschenrechtspreis; 2023 Verdienst-
orden des Landes Berlin und Israel-Jacobson-Preis.